Traité de savoir vivre
à l'usage
des soldats britanniques
dans la France occupée

Préparé par
La direction politique
du département de la Guerre

Édité par
Le ministère des Affaires Étrangères,
Londres

ISBN : 978-2-38553-078-5

Ce livre ne s'intéresse pas aux opérations militaires. Il traite exclusivement du mode de vie des Français et de la façon dont les soldats britanniques doivent se comporter avec eux.

Qu'il est doux d'évoquer la guerre sans avoir à jamais parler de la guerre... Car il n'en est pas vraiment question dans ces pages où son spectre se faufile pourtant entre les lignes. Il s'agit plutôt d'une histoire d'amitié entre deux peuples qui se connaissent et s'observent depuis longtemps, chacun considérant que celui d'en face est le plus proche des pays lointains. Ou le plus lointain des pays proches. Mais c'est une amitié cristallisée au moment où l'un va aider l'autre à relever la tête.

Et d'abord, qui a écrit ces lignes ? On peut rêver qu'un Graham Greene, rédacteur au ministère de la Guerre, ait très bien pu y mettre sa patte. Plus prosaïquement, contentons-nous de savoir qu'un original de ce texte estampillé « Confidentiel », avait été offert en 1995 à la Bodleian, la fameuse bibliothèque de l'université d'Oxford, par les deux filles de Herbert David Ziman (1902-1983). Elles l'avaient retrouvé dans les affaires de cet éminent journaliste, correspondant de guerre puis grand reporter avant d'être le responsable littéraire du *Daily Telegraph* qui demeurera durant toute sa carrière « son » journal. Versé dans un régiment du Middlesex en septembre 1939, il fut muté trois ans plus tard aux services de renseignements de la section française du Ministère de la Guerre. Il est probablement l'auteur de ce texte qui est un modèle d'empathie pour les souffrances et les humiliations des Français sous la botte. Sa francophilie avouée, qui trahit surtout une bonne connaissance du pays comme ont pu en avoir des exilés d'Europe centrale qui firent un séjour prolongé à Paris dans les années 30, en dit autant sur la mentalité française que sur l'esprit anglais. Un comparatiste se régalerait d'un tel aller-retour. Bien sûr, c'est de la France dont il est question, mais au détour du texte on découvre qu'en Angleterre les couples font l'amour dans les jardins publics, que les blagues sur les tapettes y sont monnaie courante et que l'ivresse est assez bien admise.

Kipling adorait la France et les Français. Lui aussi aurait pu écrire ce texte dont la francophilie exclut naturellement collaborateurs, trafiquants et B.O.F. David Herbert Ziman était animé d'un réel souci de l'autre. La rhétorique de propagande n'a (vait) pas étouffé cet élan profond, dans lequel l'ironie n'exclue (ait) pas l'estime.

C'est un livre de poche de *battledress* promis à une grande diffusion. Mais on n'imagine que nul n'en réclame jamais les droits d'auteur. Ce guide de voyage a ceci de particulier qu'il n'a d'intérêt qu'à l'aller ; il ne peut servir qu'une fois.

Il se veut aussi un code de bonne conduite. *Tenez-vous bien !* L'injonction revient à plusieurs reprises. C'est l'un des rares conseils formulés sur le mode impératif. À croire que le monde entier les observe. Un passage des *Mémoires de guerre* du Général de Gaulle revient alors à l'esprit, lorsqu'il évoque la fermeté de la population britannique dans l'attente d'une offensive allemande : *« C'était un spectacle proprement admirable que de voir chaque Anglais se comporter comme si le salut du pays tenait à sa propre conduite. Ce sentiment universel de la responsabilité semblait d'autant plus émouvant qu'en réalité c'est de l'aviation que tout allait dépendre »*.

Étonnant leitmotiv : tenez-vous aussi bien si ce n'est mieux encore que les Allemands se sont tenus durant les quatre années échues. Car ils ont été *« corrects »*, ils se sont souvent *« bien comportés »*, du moins individuellement, quand ils n'ont pas fait preuve d'*« une remarquable retenue »*, du moins au début. Il y a dans ce « du moins » susurré du bout des lèvres une grande partie de l'âme anglaise dans toute sa perversité euphémistique.

Tout soldat anglais est un ambassadeur de son pays. Une Excellence sans lettres de créance.

Nul besoin d'évoquer les tortures, les privations, les horreurs. Il suffit de dire que la France est un pays où l'on risque la mort en écoutant la BBC.

C'est plus fort, et moins faux, que de dire qu'elle n'aime pas les étrangers ; le lieu commun est on ne peut plus grossier, il suffit de savoir que c'est le pays d'Europe qui a accueilli le plus d'étrangers au xxe siècle. Mais c'est un pays qui aime les touristes, pas les envahisseurs. Les Allemands s'y sont mal pris.

Ce pays n'est pas une île, prévient le guide, les soldats britanniques étant censés juger le reste du monde à l'aune de leur rocher. C'est un pays que l'on comprend en s'armant de bon sens. Nationaliste au niveau régional, chauvin au niveau national, individualiste et sensible aux arts et lettres, mangeur et buveur, respectueux de ses préfets mais plutôt insensible au cricket.

Dans les semaines qui suivent le 6 juin, les soldats anglais n'ont pas vraiment le loisir ni l'occasion de vérifier le bien fondé du manuel. Les combats sont rudes, les pertes sévères. Ils n'ont en tête que des questions techniques et tactiques, des histoires de survie et de blessures, des préoccupations immédiates et terre à terre. Après seulement ils goûteront la chaleur de l'accueil et ils sauront mettre en pratique les recommandations de ce petit guide. Car on ne fait jamais appel en vain au civisme des Anglais.

Une grande lacune saute aux yeux à la lecture ce traité de savoir-vivre en rase campagne, dissimulé sous l'apparence d'un Manuel d'instructions aux soldats en guerre, en réalité calqué sur le modèle des fameux traités hérités du Moyen-Âge via la Renaissance et le XVIIIe siècle. L'air de rien, ces « Usages de la seconde guerre mondiale » empruntent aux classiques « Usages du monde. » Ce qui s'y trouve est aussi éloquent que ce qui ne s'y trouve pas. Ce qui y est : bienséance, circonstances, cérémonie, civilité, urbanité, compliment, courtoisie, discrétion, éducation, familiarité, galanterie, langage, manières, mesure, politesse, raillerie, toilette. Ce qui n'y est pas : affectation, conversation, distinction, esprit, étiquette, goût, monde, paraître, dissimulation.

Mais on ne leur dit rien de la guerre civile à laquelle ils vont assister, et qui horrifiera les soldats américains : le spectacle de l'épuration. Les règlements de compte sauvages au coin du bois, les dénonciations de dénonciateurs, les massacres de collabos ou supposés tels. Leurs chefs à Londres savent pourtant bien ce qui les attend : il suffit d'écouter « Les Français parlent aux Français » pour deviner qu'un certain nombre d'entre eux vont s'entretuer sans même attendre le départ de la Wehrmacht au complet. Trop de haines recuites et trop de souffrances accumulées pour qu'il en fût autrement. Dans une telle atmosphère, au cœur d'une situation si tendue, leur savoir-vivre ne sera d'aucun secours aux soldats anglais. David Cameron, qui consacre un long article à ce petit livre dans le *Daily Telegraph* du 9 juin 1944, n'y pensait pas en le présentant comme l'objet le plus humain que tout soldat britannique ait (été amené à) emporté dans son paquetage.

Les temps changent. Lors de la guerre précédente, les Anglais avaient *If...* de Kipling en poche, et les Allemands *Le Chant de l'amour et de la mort du cornette Christophe Rilke* de Rainer Maria Rilke. À ces hommes à qui l'on demande de tuer d'autres hommes au nom de la liberté, George Bernard Shaw, lui, avait déjà expliqué autrefois que l'assassinat est la forme extrême de la censure.

Le professeur Richard Cobb, l'un des meilleurs historiens anglais du passé français, n'oubliera jamais son 14 juillet 1944. Il était un jeune sergent dans les troupes du Débarquement. En patrouillant dans la région de Bayeux, il eut l'impression de se retrouver au XIXe siècle. C'est à peine si une automobile choquait le paysage. Il faut dire que les habitants des villages qu'il traversait avaient décidé de fêter la victoire entre hommes, consignant les épouses à la maison. Ce dont bon nombre d'entre elles se gardèrent bien si l'on en juge par la foule envahissant la Grand'rue. Pour le reste, il ne se souvient plus très bien car à chaque étape, il dut sacrifier aux mœurs locales et rendre hommage au Calvados. Son récit occupe quelques pages dans *People and places* (1985). Il en sourd un amour de la France né lors du débarquement que rien ne vint jamais démentir au cours de ses décennies de commerce intime avec l'esprit français.

Pour sonder le trouffion britannique embarqué dans sa péniche, et plaçant ce petit livre sur la poche du cœur – sait-on jamais –, le touriste français en visite aujourd'hui à Londres ne doit pas se contenter de marcher dans les tunnels du QG souterrain de Churchill au Cabinet War Room. Il lui faut également se transporter à l'Imperial War Museum.

À leur manière d'y évoquer la guerre, on comprend déjà qu'ils sont Anglais : « *Ordinary people, extraordinary times* ». C'est ce qu'on y lit partout. Tout est dit en quatre mots, lesquels se visualisent en trois D : décence, dignité, discrétion.

Colonel Buckmaster ! Colonel Hutchinson ! D'autres encore car les héros ne manquent pas à l'appel des agents de l'Intelligence Service parachutés en France occupée, nouant des contacts essentiels avec la résistance intérieure, préparant le terrain pour le Débarquement, collectant des renseignements susceptibles de changer le cours des choses. Pourtant, ils ne la ramènent pas.

Il faut voir les vétérans-à-béret au blazer tout emmédaillé le dimanche dans ce musée, il faut écouter ces militants du civisme de la mémoire raconter, expliquer, démonter la guerre aux grands et aux petits, aux hommes et aux femmes. Il faut voir le respect de tous pour ces Anciens qui ne se poussent pas du col. Quelle leçon…

Avec un sens consommé de *l'understatement*, ce goût de la litote que ce peuple a su élever au rang d'un des beaux-arts, il est rappelé dans le texte qui va suivre que Français et Anglais se sont séparés en mauvais terme en 1940. En effet… Le souvenir de Mers-el-Kébir hante encore bien des consciences. Le refus français de laisser sa flotte passer sous l'autorité britannique, l'impossibilité pour Londres de la laisser tomber aux mains des Allemands, les malentendus et les ambiguïtés de la négociation et pour finir l'attaque anglaise contre les cuirassés français. Bilan : 1380 marins français tués ou disparus, 370 blessés. Tous aussitôt instrumentalisés par la propagande vichyste qui aura à peine besoin de réactiver de vieux démons anglophobes que l'on eut cru apaisés depuis Jeanne d'Arc. Le général de Gaulle déplora « *l'odieuse tragédie* » mais n'en apporta pas moins son soutien à Churchill. La guerre est l'affaire des pragmatiques. N'empêche : les morts de Mers-el-Kébir seront bientôt rejoints par ceux de Caen, Lisieux,

Vire… 14000 en Basse-Normandie sous les bombardements de la Royal Air Force dans les jours précédant le Débarquement. En visant des nœuds de communication, ils touchaient des villes. De quoi causer *« quelque ressentiment »*. D'accord, appelons cela ainsi, à l'anglaise, et n'en parlons plus.

Le 19 juin 1944, une tempête coupa les communications entre la France et la Grande-Bretagne. Depuis, ça s'est arrangé même si, selon GK Chesterton, le Français est pour l'Anglais le plus étranger des étrangers. Consolons nous en supposant que les choses ont du évoluer depuis sa mort, en 1936.

Déjà, en son temps, ce petit livre offrait aux futurs Européens un jeu de miroirs dont Jean Monnet et Robert Schumann surent faire usage.

Bonjewer, commont-aalay-voo ? Les Français trouveront à la fin du volume une forme originale de poésie. On louera leur indulgence à la gloire de l'harmonie retrouvée dans les relations franco-britanniques. Ne jamais oublier qu'Elisabeth II, quarantième monarque depuis William Le Conquérant, parlait couramment le français. *Ee-ah-teel kel-kern key parl ongly ?*

Le *Daily Express* du 9 juin 1944 qui s'en fait largement l'écho veut croire que ce petit livre aura de profonds et durables effets sur les mentalités au-delà du seul débarquement de péniches sur les côtes de

Normandie. Qui sait ? Les Anglais ont toujours eu une certaine idée de la France. Depuis la seconde moitié du XVIIIe siècle, celle-ci est associée à la douceur de vivre. À l'époque, elle ne fascine pas seulement snobs et mondains : elle séduit personnages de marque et de culture. Aujourd'hui, tous gens de goût et de qualité. Gageons que si on le leur demandait, certains seraient prêts aujourd'hui à se battre encore pour aider la France à préserver cette douceur de vivre.

Quand vous serez en France.... À l'aube du XXIe siècle, aux yeux des Anglais, la France est le pays de cocagne, la terre où ils veulent finir leurs jours, en paix, dans le Gers, le Perche ou en Gascogne. Peut-être s'en trouvent-ils parmi eux qui ont découvert la France à 18 ans, ce petit livre dans leur poche...

Pierre Assouline

« Soyez sûrs que la France se relèvera, libre, unie, indépendante, et qu'elle veillera, avec d'autres nations, au rétablissement des valeurs de tolérance et d'humanisme que nous cherchons à sauvegarder et à promouvoir. »

Winston Churchill
(31 Août 1943)

La France

La nouvelle force expéditionnaire britannique, dont vous faites partie, va débarquer en France. Nous comptons sur vous pour repousser les Allemands chez eux. Pendant votre mission, vous rencontrerez des Français, peut-être pas pour la première fois. Vous verrez aussi, et cela pour la première fois, un pays occupé par les Allemands depuis plusieurs années. C'est un sujet qui mérite réflexion. Vous aurez l'occasion de découvrir ce que cela signifie.

Les pages qui suivent sont consacrées aux Français, et non aux Allemands, qui, par ailleurs, se sont bien plus mal comportés dans d'autres pays. D'une manière générale, les soldats allemands se sont conduits en France avec une remarquable correction, ainsi qu'on le leur avait ordonné, afin de convertir les Français à « l'Ordre Nouveau » nazi. Toutefois, les Français ne se sont pas laissés séduire. Leur seul désir était, et reste, de bouter les Allemands et leur « Ordre Nouveau » hors de chez eux. Vous constaterez qu'ils accueilleront, pour ce faire, votre aide avec enthousiasme. Cependant, les conséquences de l'occupation allemande se feront sentir jusque dans la façon dont vous serez reçus : les Français vous accueilleront du mieux qu'ils peuvent, mais les dernières années ont été pour eux particulièrement pénibles, comme vous vous en apercevrez en lisant ces pages.

L’occupation

N’oubliez pas que la France a été occupée. Elle a, par conséquent, subi un pillage. Presque tous les Français, même les enfants, souffrent de malnutrition, et beaucoup sont morts d’épuisement ou de faim parce que les envahisseurs ont monopolisé la nourriture à leur seul profit. Les Allemands ont aussi bu leur vin, ou l’ont distillé pour en faire du carburant. Les tonneaux sont maintenant vides.

Vous avez vous aussi connu le rationnement, une certaine pénurie. Mais vous n’avez jamais souffert comme les Français – les Allemands sont passés par là – d’une pénurie durable de biens de consommation courante. En France, la nourriture, la boisson, les vêtements, le tabac – tout est rationné, mais posséder des coupons ne signifie pas qu’on puisse obtenir une ration, aussi maigre fût-elle. Les femmes font la queue au marché dès l’aube pour acheter des provisions, en vain parce que les Allemands ont dévalisé les camions de livraison en route. Le pain est souvent impossible à trouver, et la plupart du temps immangeable. Le savon, lui aussi rationné, ne lave pas. Des produits aussi courants que les pansements, les aliments pour bébé, le lait condensé sont difficiles à se procurer. Les cigarettes – quand on en trouve – sont limitées à trois par jour. Ce sont les villes qui ont le plus souffert, mais les campagnes n'ont pas toujours été mieux loties. Bien sûr, à cause du rationnement, le marché noir s'est développé. Parfois il était organisé par des Français patriotes, pour soustraire des produits alimentaires à l'occupant. D'autres fois, ce sont des profiteurs qui se sont considérablement enrichis en achetant et vendant au marché noir qui permettait aux plus fortunés de s'approvisionner au détriment des plus pauvres.

Ses effets – Ainsi, à cause de l'occupation allemande, les Français ne pourront nous recevoir généreusement, même si certaines familles sortiront de leur cave, en votre honneur, une bonne bouteille jalousement conservée. Dans ce cas, souvenez-vous que c'est peut-être leur dernière. De toute façon, nombreux sont ceux qui n'auront ni l'énergie ni l'humeur de vous fêter, quels que soient leur joie et leur soulagement d'être délivrés. Quand on a longtemps souffert de privations, qu'on a enduré les rigueurs des camps de concentration et qu'on est soudain libéré, on met un certain temps à récupérer. Or, sous l'occupation allemande, les

Français ont souffert à la fois physiquement et mentalement, comme s'ils avaient vécu dans un immense hôpital ou dans camp de concentration à l'échelle d'un pays.

Le manque de nourriture, de médicaments, de savon et de serviette s'est traduit par un délabrement physique inconnu jusqu'alors. Une étude récente estime qu'un Français sur douze souffre de tuberculose. Les cas de syphilis, plus fréquents aux abords des casernes, touchent un huitième de la population. Pour ce qui est de l'esprit concentrationnaire, les deux tiers de la France ont été administré directement par l'armée allemande et la Gestapo depuis juin 1940. Le reste du pays était sous la tutelle du gouvernement collabo de Vichy jusqu'en novembre 1942. À cette date les Allemands ont occupé la zone libre, ne laissant au gouvernement de Vichy qu'un pouvoir sur l'administration locale. Les Allemands et les collabos ont fait profiter aux Français des « immenses bienfaits » de l'Ordre Nouveau. Sans compter le million et demi de prisonniers de guerre, un million de Français ont été déportés en Allemagne. 150 000 ont été enfermés dans des prisons ou dans des camps de concentration français. **Chaque année, au moins 5 000 Français ont été fusillés pour leurs activités de résistants – un toutes les deux heures.** Les activités de la Résistance consistaient, entre autres, à faire dérailler les convois militaires, ou à aider les soldats et aviateurs britanniques à échapper aux Allemands.

Le concours de la population française – Pour des raisons de sécurité, nous n'avons pas beaucoup entendu parler de l'aide que les Français, au péril de leur vie, ont apporté aux soldats et aux aviateurs britanniques depuis l'armistice de 1940. On doit pourtant leur en être profondément reconnaissant. La presse et la radio française, à la solde du gouvernement de Vichy, s'acharnent depuis 1940 à colporter des rumeurs contre les britanniques, les accusant, entre autres, de vouloir leur voler leurs colonies. Seuls la BBC (que les Français n'ont pas le droit d'écouter), la RAF et l'aviation américaine, qui larguent des tracts (qu'il est interdit de faire circuler) et les journaux clandestins (imprimés au péril de leur vie par les Résistants) tentent de réfuter ces fausses accusations. **Et cependant, le Français moyen n'a jamais cessé de nous considérer comme son allié.** Les Français ont abrité et nourri (souvent au prix de gros sacrifices) des centaines de soldats et d'aviateurs britanniques, les ont aidés à franchir la frontière de pays neutres, tout en ayant pleinement conscience de l'enjeu, dussent-ils être découverts.

Ce qui les a encouragés à prendre de tels risques, outre leur patriotisme, est la popularité que nos soldats ont acquise en combattants à leurs côtés en 14-18 et de nouveau en 39-40. Ceux d'entre vous qui étaient présents à l'époque se souviennent des nombreux gestes de sympathie qu'ils reçurent de la part des Français et des faveurs que nous avons réussi à leur accorder en échange. Vous ne devez jamais oublier que nous avons, au cours de ce siècle, combattu deux fois à leurs côtés sur leur propre sol : les cimetières britanniques, si vous les voyez, en offrent un témoignage impérissable. Cette fois-ci, la troisième, leur hospitalité vous paraîtra moins généreuse, mais uniquement parce que les Allemands ont pillé la France. Nous sommes sûrs que notre armée se conduira aussi bien cette fois-ci, nous avons d'ailleurs toutes les raisons de témoigner à nos alliés une reconnaissance encore plus grande. Car les soldats allemands, sur ordre de leur hiérarchie, se sont efforcés à la plus grande « correction ». Dans leur volonté de paraître amicaux, ils sont, du moins au début, presque parvenus à leurs fins, sans toutefois gagner l'estime des Français. **Nous nous devons, en tant que soldats britanniques, de nous bien comporter en toutes circonstances. Mais, contrairement aux Allemands, nous n'aurons pas besoin de recourir à de savantes contorsions, car nous savons que les Français sont nos alliés.**

Un dernier mot. Si vous êtes parmi les premiers à mettre le pied sur le sol français, vous serez accueillis on ne peut plus chaleureusement. Mais si vous arrivez plusieurs semaines après, et si l'aide des alliés – nourriture, vêtements, etc. – a paru aux Français trop longue à leur parvenir, il se peut qu'ils réagissent différemment. Souvenez-vous alors, si le sujet est abordé, de leur assurer que nous faisons de notre mieux et que l'aide finira par arriver. Ce sera d'ailleurs la stricte vérité : après tout, nous avons nous aussi souffert de la guerre.

Quelle attitude adopter ? – Vous trouverez dans cet ouvrage quelques conseils sur la manière de se conduire avec les Français. Mais votre meilleur guide, bien sûr, est le simple bon sens, ajouté à ce que vous auriez ressenti si des troupes alliées s'étaient installées dans votre ville ou votre village. Vos proches ont dû vous expliquer que les soldats britanniques et les forces alliées stationnés près de chez eux adoptaient des comportements des plus variés. La plupart sont accueillis comme des invités. Mais certains sont vécus comme des fléaux à supporter. L'une des manières de se rendre impopulaire est d'acheter, par légèreté, des produits quasi introuvables, empêchant ainsi les civils de se les procurer. **Les premiers mois vous rencontrerez certainement en France une telle pénurie d'articles qu'il vous appartiendra de ne rien acheter, encore moins d'accepter des dons**. Un article qui peut sembler dérisoire pour un soldat britannique, sera souvent de première nécessité pour un Français. Acheter de la nourriture dans une ferme risque d'affamer les enfants de la ville voisine.

Et surtout, n'ayez jamais recours au marché noir. Quelle que soit la tentation, acheter des denrées au marché noir contribuera à en priver les pauvres, tout en compliquant et en retardant leur distribution sur le marché officiel.

Il y a une autre sorte de légèreté dont il faut se prémunir, même si elle est plus répandue parmi les touristes britanniques en temps de paix que parmi les soldats. Cela consiste à laisser entendre que tel ou tel pays, tel ou tel ville ou village a bien de la chance de voir arriver des gars comme nous. Bien sûr, personne n'est assez bête pour le dire ouvertement. Mais on s'étonne que tant et tant de gens (pas tous britanniques, bien sûr, et pas tous étrangers) peuvent suggérer, par leur seul comportement, que l'endroit où ils viennent d'atterrir est loin d'être à la hauteur de leur propre pays. Eh bien, ce genre d'attitude, plus stupide que méchante, doit être bannie. Les Français acceptent d'assez bon cœur les visiteurs, y compris les Britanniques ; avant la guerre, on dénombrait 3 millions de résidants étrangers, pour une population de 39 millions. Cependant, ils n'étaient pas particulièrement impressionnés par les étrangers et ne leur accordaient pas un grand intérêt. Ce qui intéressait les Français, et continue de les intéresser, c'est la France : ils la considèrent comme une grande nation et une des plus anciennes. Et ils ont raison.

Le pays

La France a une superficie de 550 000 kilomètres carrés, près de deux fois et demie supérieure à la nôtre. Avant qu'Hitler n'envahisse ses voisins, la France était le plus grand pays d'Europe en dehors de la Russie. Ses fleuves sont plus longs que la Tamise, ses montagnes plus nombreuses et plus hautes que les nôtres. Et tandis que nous sommes entourés par les mers, la France a plus de trois mille deux cents kilomètres de côte et presque autant de frontière terrestre, qui font d'elle davantage une puissance continentale que maritime. Ni la marine de guerre, presque aussi importante que la nôtre et tout aussi efficace, ni la marine marchande, ni la flottille de pêche, ni la possession de territoires outremer, qui en fait la deuxième puissance coloniale derrière la Grande-Bretagne, n'ont incité les Français à considérer la mer comme un élément indispensable à leur survie. Car c'est toujours du continent que, ces derniers siècles, sont venues les menaces.

Lorsqu'un élève français doit dessiner la carte de son pays, il commence par tracer une figure hexagonale dans laquelle la France s'insère facilement.

Si on veut faire le tour de l'hexagone, dans le sens contraire des aiguilles d'une montre, on commence par le coin supérieur gauche, on descend la Manche, Dunkerque, Calais, Boulogne, Dieppe, Le Havre, Cherbourg (situé à la pointe d'une presqu'île en forme de pouce) puis St. Malo, la Bretagne, Brest. On poursuit par le Golfe de Gascogne, grande courbe concave où se dressent les ports de Lorient, de Saint-Nazaire, de La Rochelle et de Bordeaux. Viennent ensuite les Pyrénées, qui délimitent la frontière avec l'Espagne. Voilà, vous venez de couvrir la moitié des six côtés.

L'étape suivante : la côte méditerranéenne, avec le golfe du Lion, les Bouches du Rhône, puis Marseille, Toulon, et enfin la côte d'Azur où les Alpes tombent dans la mer. On remonte alors vers le nord aux contours irréguliers – la frontière des Alpes avec l'Italie, puis la Suisse. Un autre massif montagneux, le Jura, lui succède, puis vient le Rhin qui forme la frontière avec l'Allemagne, protégée par le massif des Vosges. Vous avez rencontré jusqu'ici des frontières naturelles, mais la dernière étape vous conduira le long de frontières non protégées avec l'Allemagne, le Luxembourg et la Belgique.

La frontière du Nord-Est – C'est celle que les Allemands ont franchie en 1870, en 1914 et de nouveau en 1940 – certains Français ont connu de leur vivant trois invasions allemandes ! C'est à cause de cette frontière et, bien sûr, des ambitions et de la puissance allemande que les Français ont été, depuis la Révolution, obligés d'avoir recours à la conscription nationale, des générations avant que nous ne les imitions. La frontière méridionale avec l'Espagne bénéficie d'une paix durable depuis près de trois cents ans. Au sud-est, celle avec l'Italie a été établie en 1860. En revanche, la frontière septentrionale a sans cesse été modifiée.

Quelques années avant la guerre, les Français ont commencé à protéger leur frontière vulnérable avec la Ligne Maginot, que nombre d'entre nous croyaient infranchissable. Mais bien que solide, elle n'était pas assez longue, car depuis la frontière avec la Belgique, à Longwy, jusqu'à la mer du Nord, distante de près de cinq cents kilomètres, aucune ligne Maginot ne fut construite. On croyait alors que les Allemands n'envahiraient pas la Belgique, ou que les Belges seraient assez forts pour les repousser. Grave erreur ! Et une fois de plus, la France fut envahie.

Comment la France s'est construite

L'histoire de la Grande-Bretagne commence avec une succession d'invasions, mais depuis 1066 notre territoire est resté inviolé. La France, qui n'est pas une île, a été envahie à de multiples reprises, et l'invasion allemande de 1940 est la troisième de mémoire d'homme. C'est une des raisons pour laquelle les Français, dont le début de l'histoire ressemble à la nôtre, se sont développés de manière toute différente.

Il y a environ deux mille ans, juste avant l'arrivée des Romains, la France et la Grande-Bretagne étaient habitées par des peuples voisins, les Gaulois et les Bretons.

Dans aucun des deux pays les Romains ne parvinrent à pénétrer jusqu'aux régions les plus reculées, mais en France, leur domination fut plus complète et plus durable. Ils laissèrent des monuments plus importants, notamment dans le sud – temples, aqueducs, arènes. Ils transmirent aussi leurs mœurs, leurs lois et leur langue, qui furent adoptées par les envahisseurs suivants, les Francs, alors que la Grande-Bretagne s'appuyait sur un système de loi différent et sur une langue transmise par les Angles et les Saxons.

Les Normands et les Anglais – Curieusement, l'invasion suivante eut des effets bien différents sur les deux pays. Les Danois qui pillèrent l'Angleterre, puis s'y installèrent, furent assimilés. Les Scandinaves, les Vikings, cousins des Danois, firent de fréquentes incursions en France, et finirent par s'installer en Normandie. Bien qu'adoptant la langue et les mœurs du pays, ils formèrent longtemps un peuple politiquement autonome. C'est une invasion normande et non française que conduisit Guillaume le Conquérant, et pendant deux siècles les rois d'Angleterre, en tant que ducs de Normandie, furent des vassaux des rois de France à l'indépendance farouchement affichée.

Durant tout le Moyen Âge, les rois de France entrèrent en conflit avec les Allemands, les Autrichiens, les Italiens, les Espagnols et les Suisses – ainsi qu'avec des duchés et des principautés à l'intérieur de leurs frontières. Les longues guerres contre l'Angleterre et les invasions récurrentes que nous menâmes en France n'ont laissé aucun ressentiment de la part des Français, qui ne nous reprochent rien, sauf peut-être d'avoir brûlé Jeanne d'Arc.

Avant la Révolution – Vous aimeriez peut-être avoir un aperçu de la France d'avant la Révolution de 1789. Voici :

16e siècle : guerre contre des puissances étrangères (surtout les Habsbourg d'Autriche). Guerre civile entre les catholiques et les protestants.

17e siècle : Apogée de la monarchie, âge d'or de la littérature et des arts. Colonisation à l'étranger et guerres en Europe[1].

18e siècle : Nouvelles guerres en Europe. La France perd une grande partie de ses colonies au profit de la Grande-Bretagne. La monarchie s'écroule, davantage à cause de son incompétence que de sa tyrannie.

Durant cette période, la France n'était pas seulement la puissance dominante en Europe, son influence s'exerçait aussi dans le domaine culturel et grâce à ses valeurs civilisatrices.

La Révolution ne fut pas, bien sûr, une révolution communiste ni même celle des pauvres contre les riches. Elle fut initiée par la bourgeoisie qui avait pris le pas sur la noblesse dans la conduite des affaires du pays. Affolés, les royaumes voisins, dirigés par des gouvernements aristocratiques, s'efforcèrent de restaurer la monarchie en France. La République répliqua par les armes. La Grande-Bretagne s'engagea

1. Presque toutes les colonies françaises ont été acquises au cours des soixante-dix dernières années.

une fois de plus dans une guerre contre la France qui dura (hormis deux courtes périodes de paix) de 1793 à 1815.

La France depuis 1815 – Depuis Waterloo, la France et la Grande-Bretagne ne se font plus la guerre. Elles combattirent ensemble à trois reprises – en Crimée et deux fois contre l'Allemagne. Après la chute de Napoléon en 1815, la monarchie fut restaurée. Elle fut cependant instable et de courte durée. À la suite d'une brève expérience de monarchie constitutionnelle après 1830, elle s'effondra en 1848. Suivit la seconde République, encore plus brève, et dont le président, Louis Bonaparte, s'autoproclama empereur en 1852 et prit le titre de Napoléon III. Au cours du second empire, la France établit les fondations de son empire colonial moderne, qu'elle étendit et consolida sous la IIIe République. Le Second Empire s'acheva avec la capitulation de Napoléon III en 1870 après la guerre désastreuse contre la Prusse (la première des trois invasions allemandes dont certains Français encore en vie se souviennent, et qui explique la peur et la haine des Allemands profondément ancrées dans les esprits). Depuis cette date, et jusqu'au régime de Vichy, qui s'empara du pouvoir en 1940, la France vécut sous la IIIe République.

Comparée aux gouvernements britanniques apparemment stables de la même période, au XIXe siècle, l'histoire de France se distingue par une série de soulèvements politiques. Mais malgré tous ces changements de gouvernement, les forces vives de la démocratie perdurèrent. Le suffrage universel, introduit en 1848, arriva plus tôt en France qu'en Grande-Bretagne et survécut à toutes les mesures antidémocratiques du Second Empire. La liberté, tant politique qu'individuelle, pour laquelle les Français se battirent à maintes reprises, reste pour eux un acquis aussi indéfectible que vital. Les tentatives pour l'affaiblir se heurtèrent chaque fois à des réactions vigoureuses. La devise issue de la Révolution « Liberté » et « Égalité » n'a jamais cessé de préoccuper les Français, parfois au détriment de la « Fraternité ».

Comment définir les Français ?

Les Français ont, bien sûr, un fort sentiment nationaliste – ils sont fiers d'être depuis longtemps une puissance dominante en Europe. Mais cela ne les empêche pas d'être fidèles à la région dont ils sont issus. Ce régionalisme provient en partie de principautés et de duchés féodaux, en partie de différences ethniques. Car le pays comporte d'autres groupes aussi distincts les uns des autres que les Bretons et les Normands – ainsi, les Basques du sud-ouest possèdent leur propre langue, de même que les Catalans à l'autre bout des Pyrénées, et les Provençaux. Même dans les coins de France qui n'ont pas de langue à eux, il existe un dialecte régional, qualifié de « patois », que les paysans préfèrent employer plutôt que le français des livres de grammaire[1].

---

1. Ce qui ne les empêche pas de comprendre le « bon » français.

Ce chauvinisme régional n'implique pas un affaiblissement du nationalisme. L'Alsace et la Lorraine (dont les habitants parlent un dialecte proche de l'allemand) font partie de la France depuis moins de trois siècles, elles ont été rattachées à l'Allemagne de 1870 à 1918. Néanmoins, les Alsaciens et les Lorrains, aujourd'hui de nouveau assujettis à l'Allemagne, rêvent de redevenir des citoyens français. Il est encore plus remarquable que la Savoie, qui n'est française que depuis 1860, soit le bastion où des milliers de jeunes Français se sont cachés dans ses montagnes pour éviter d'être déportés en Allemagne et d'y travailler comme des esclaves. Manifestement, la France crée très vite du patriotisme. Mais cela ne fait pas des Français un genre unique, et il serait difficile de définir le Français moyen type. Si vous rencontrez un habitant du nord de la France, vous risquez d'en conclure que tous les Français sont silencieux et revêches. Si vous traversez le sud de la France, vous serez tenté de croire que tous les Français sont joviaux et bavards. Mais vous changeriez vite d'avis si vous visitiez d'autres régions.

L'attachement à la terre – Néanmoins, on peut tout de même dresser certaines généralisations sur les Français, pour commencer leur attachement à la terre. Avant la guerre, plus de la moitié de la population vivait dans la campagne ou dans de petites villes de province. Presque tous les villageois et une grande partie des citadins, possédaient et cultivaient quelques lopins de terre, même s'ils travaillaient par ailleurs pour un employeur. Cet état de fait a donné aux Français un fort penchant pour l'individualisme. D'autant que, même s'il y a, bien sûr, de grandes industries en France, les petites entreprises et les artisans sont très nombreux.

La dureté des conflits sociaux dans les années qui ont précédé la guerre et la fréquence des grèves sont principalement dues aux querelles politiques et à la relative nouveauté des grosses industries et d'un syndicalisme organisé. Les distinctions de classe ne sont pas aussi évidentes en France que chez nous. Les anciennes castes dirigeantes furent balayées par la Révolution et la devise « Liberté, Égalité, Fraternité » a réduit le snobisme aristocratique à sa plus simple expression. Le Français aime se croire aussi important que son voisin. Il considérera comme une insulte qu'un étranger ne l'appelle pas « monsieur ».

De manière générale, les Français, pour un même emploi, gagnent moins d'argent que nous, et travaillent davantage. Ils dépensent moins en vêtements et pour la décoration de leur maison, moins en voyages et divertissements. Mais leur bon sens et la qualité de leur cuisine rendent le logement de l'employé et de l'ouvrier moyen plus confortable que celui de beaucoup d'Anglais de même condition. Ils ont peut-être des pièces plus petites et moins nombreuses, mais cela compte peu car les Français préfèrent recevoir au café ou au restaurant. Il faut être un ami proche pour qu'ils vous invitent chez eux. Aujourd'hui, naturellement, le confort et la bonne cuisine – *merci l'occupation allemande !* – ont disparu et les Français n'ont pas pu remplacer leurs vieux habits. Ne les jugez pas sur leur apparence actuelle, ne qualifiez pas leur logement de misérable quand il ne s'agit que de sanitaires en mauvais état et de réparations remises à plus tard.

Globalement, les Français, quel que soit leur revenu ou leur métier, ont une vision du monde que nous pourrions qualifier de « petite bourgeoise ». Ils sont en apparence plus polis que la plupart d'entre nous, et ils raffolent des discussions intellectuelles. Vous aurez vite tendance à croire que deux Français sont engagés dans une violente querelle alors qu'ils débattent tout simplement d'un sujet abstrait. Leur ardeur n'est qu'apparente, ils sont fondamentalement au moins aussi tolérants que nous.

Toutefois, leur tolérance ne s'applique pas à

l'autorité – ainsi que les Allemands l'ont appris à leurs dépens. Un uniforme ou un règlement provoquent chez eux une même réaction épidermique : plutôt que d'obéir aveuglément, ils mettent la loi en doute et ne manquent pas de la critiquer s'ils l'estiment inutile. Cela fait partie de leur profonde croyance dans la liberté individuelle. Ils tiennent à la liberté de penser et de critiquer comme à la prunelle de leurs yeux.

La religion et l'art – Ce sont les guerres de religions et les persécutions des anciens temps qui ont forgé le besoin de tolérance des Français. Ils sont aujourd'hui en grande majorité catholiques, les protestants ne représentant qu'un million de fidèles. Et même s'ils aiment se considérer comme des « libres-penseurs », vous découvrirez que leurs églises sont plus fréquentées que les nôtres. Les prêtres catholiques[1] ne se marient pas, et sont encore moins bien payés que nos pasteurs. Ils trouvent tout naturel de vivre comme le peuple plutôt que comme l'aristocratie ; ils ont une influence de poids dans les affaires locales, et doivent effectuer leur service militaire comme n'importe quel citoyen.

---

1. Il est quelque peu troublant pour nous que l'équivalent de notre *vicar* soit appelé curé, et l'équivalent de notre *curate*, vicaire.

Les cathédrales, les églises et les abbayes témoignent de l'importance de la religion et de l'artisanat français. Certaines sont construites dans le robuste style roman, avec des voûtes cintrées et de lourdes colonnes ; d'autres possèdent la grâce gothique, avec leurs voûtes d'ogive. Les anciens bâtiments publics sont eux aussi remarquables, même dans les petites villes de province. Parce qu'ils n'ont pas succombé comme nous à la grande industrie, les Français ont détruit moins de beaux bâtiments dans de prétendus plans « d'amélioration » de l'habitat. Le Français moyen est, sans rien perdre de son sens pratique, généralement plus attentif à l'art que ne l'est l'Anglais moyen. Vous constaterez que les peintres français, les anciens comme les modernes, jouissent de la part de leurs compatriotes d'une plus grande considération que nous-mêmes n'en accordons à nos artistes. Mais si vous vous intéressez à l'art, vous serez surpris de constater à quel point les Français méconnaissent les peintres britanniques.

La vie familiale – En temps normal, les Français ont une vie familiale moins tolérante et moins souple que la nôtre. Le père est l'indiscutable chef de famille, et il exerce son autorité sur ses enfants adultes, surtout sur ses filles, avec une rigueur qui n'a plus cours chez nous. Les femmes, même en temps de paix, travaillent la terre, ou en usine, comme les Britanniques en temps de guerre. En 1918, c'est grâce à leur travail pendant la guerre que nos femmes ont obtenu le droit de vote. Rien de tel en France où les femmes ne votent pas ; elles ne partagent le pouvoir que de manière indirecte, mais ô combien efficace, grâce à leur influence sur leurs époux.

À cause des multiples plaisanteries sur le « Gai Paris », « les bons d'entrée au bordel » et « les cartes postales érotiques », une croyance très répandue en Angleterre veut que les Français soient gais, frivoles, dépourvus de morale et de convictions. C'est particulièrement faux à l'heure actuelle, quand les Français connaissent d'insupportables restrictions et traversent des épreuves douloureuses. Cependant, l'idée selon laquelle les Français menaient une vie faite « d'orgies, de vin, de femmes et de chansons », n'a jamais été vraie, même avant la guerre. Les Français boivent du vin comme nous de la bière, mais en temps de paix, ils se saoulaient bien moins souvent que nous.

Montmartre n'est pas la France – Il est de même bon de réfuter la réputation des Françaises basée sur les récits de Montmartre et des cabarets érotiques. Il s'agit là d'attractions destinées aux touristes étrangers ; en temps de paix, on voyait davantage de Britanniques, d'Américains (et d'Allemands) que de Français aux célèbres *Folies Bergères.* S'il vous arrive de croire que la première jolie Française qui vous sourit se propose de danser le french cancan ou de vous inviter dans son lit, vous risquez de vous attirer de gros ennuis – et vous compromettrez les relations franco-britanniques.

Dans l'ensemble, les Français se conforment, tout comme nous, aux conventions sociales. Il se trouve juste que leurs conventions diffèrent en partie des nôtres. Avant-guerre, des touristes britanniques furent choqués d'apprendre que les Français avaient autorisé les bordels. Eh bien, les touristes français en Angleterre furent parfois choqués de voir des couples faire l'amour dans les jardins publics. Les Français peuvent se soulager en public et ne voir aucun mal à parler avec franchise de certains sujets. Mais ils sont atterrés d'entendre un comique débiter des plaisanteries sur les « tapettes », ou de nous voir ivres et incapables de nous contrôler. Nous ne sommes pas le seul pays à se croire plus vertueux que ses voisins, ou à critiquer leur moralité. Les Français font de même à notre égard. N'est-il pas significatif que nous parlions de « taking French leave » quand les Français utilisent l'expression « filer à l'anglaise » ?

Comment la France était gouvernée

Avant la guerre, la République française avait à sa tête un président qui, *grosso modo*, régnait comme notre roi, à ceci près, ce qui n'est pas une mince différence, qu'il était élu et ne restait au pouvoir que sept ans. Il y avait un Sénat qui correspondait à notre Chambre des lords[1], mais là encore élu, et une Chambre des députés, eux aussi élus, semblable à notre Chambre des communes. Au lieu d'avoir trois grands partis – les Conservateurs, les Libéraux et les Travaillistes – les Français jouissaient d'un grand nombre de partis politiques. Les Socialistes sont beaucoup moins nombreux que nos Travaillistes, et le Parti communiste bien plus important que le nôtre. Pour les étrangers, les noms des partis politiques français conduisent souvent

1. Il y a certes des titres héréditaires en France, vestiges de l'Ancien Régime, mais si un duc ou un vicomte est élu sénateur, il s'agit d'une pure coïncidence.

à des méprises. Ainsi, ceux que nous appelons des « Libéraux » sont qualifiés de « Radicaux Socialistes » par les Français. Quoi qu'il en soit, les noms et les partis qu'ils représentent auront certainement été remplacés par d'autres lorsque vous mettrez le pied sur le sol français.

Parce qu'il y avait tant de partis politiques avant la guerre, le système fonctionnait mal. Les gouvernements ne duraient parfois que quelques jours et rarement plus d'un an. De nombreux hommes politiques français (Laval, par exemple, qui dirige le gouvernement collaborationniste de Vichy) s'attiraient des réputations de corruption et de duplicité. Même si le système de Vichy, qui a remplacé la République, ne survivra pas, c'est une certitude, à la défaite, les hommes politiques d'avant-guerre ne reviendront pas non plus au pouvoir. La constitution républicaine ne sera sans doute pas entièrement restaurée. **Toutefois, ce sont les Français eux-mêmes, et personne d'autre, qui décideront des hommes politiques et de la constitution qu'ils voudront.** De nombreux Français ont des opinions bien définies sur le sujet. Tout reposera, bien sûr, sur ceux qui auront conduit la Résistance depuis 1940, risquant leur vie pendant des années, aussi sûrement qu'un soldat sur un champ de bataille.

Les autorités locales – Sans pour autant vous immiscer dans la politique française, vous aimeriez tout de même en savoir davantage sur les autorités locales. Car quelle que soit la manière dont le pays sera dirigé dans les zones libérées par les armées alliées, vous aurez besoin de respecter le système en place. Celui-ci dépend des provinces, appelées « Départements », (qui sont au nombre de 90, y compris la Corse). Le responsable officiel d'un département est appelé un « Préfet », et il est nommé par le gouvernement, de même que chez nous, le Lord Lieutenant (le représentant de la Couronne dans un comté) est nommé par le roi. Cependant, le préfet, contrairement au Lord Lieutenant, est un haut fonctionnaire pourvu de vastes pouvoirs. Il y a peu de chance que vous en rencontriez un, mais si cela arrive, n'oubliez pas qu'il s'agit d'un personnage important qui doit être traité avec le plus grand respect.

Le département se subdivise en arrondissements, en canton et en communes. La commune est l'équivalent de notre conseil municipal, de notre conseil de district urbain ou rural, et elle a toujours à sa tête un « Maire » élu. C'est avec lui que vous devrez traiter des problèmes locaux tels que le cantonnement chez l'habitant, les accidents de la route ou les divertissements. Si vous organisez un match de football, vous devrez, pour bien faire, inviter « Monsieur le maire ». Il se réjouira presque à coup sûr d'y assister.

La loi française – Outre le fait qu'il fut le plus grand génie militaire français, Napoléon a aussi légué au pays un code de lois qui porte son nom et qui a traversé, avec quelques amendements, tout le XIXe siècle et a laissé son empreinte sur de nombreux pays voisins. Il a survécu à deux monarchies, à la IIe République, au Second Empire et à la IIIe République. Le code Napoléon est, en théorie, toujours en vigueur, même aujourd'hui. Le gouvernement collaborationniste de Vichy n'a jamais osé l'attaquer ni le révoquer ouvertement, bien qu'il bafoue nombre de ses dispositions.

Ce que les Français pensent de nous

Il est juste de dire que les Français et nous, nous sommes séparés en mauvais terme en 1940. Ils eurent l'impression que nous n'avions pas envoyé un corps expéditionnaire assez nombreux et assez puissant, et que nous les avions en plus laissé tomber à Dunkerque. Peu d'entre eux croyaient que nous puissions poursuivre la guerre longtemps après l'évacuation. De notre côté, nous estimâmes que les Français s'étaient mal battus et qu'ils nous avaient laissés dans le pétrin en signant un armistice séparé. Depuis 1940, les Français ont appris à nous juger à notre juste valeur et avec davantage de générosité. Il est temps qu'à notre tour, nous pensions moins à leur capitulation, et davantage à la Résistance sur leur propre sol, et aux combats qu'ils ont menés à nos côtés hors de France, sous les ordres du général de Gaulle, et dernièrement du général Giraud.

Depuis 1940, hélas, des armées britanniques et françaises se sont battues les unes contre les autres dans plusieurs parties du monde. Cela commença avec la destruction de leur flotte à Oran et à Mers el-Kébir en juillet 1940 (pour empêcher que les Allemands ne s'en emparent). Puis à Dakar et plus tard en Syrie et à Madagascar ; pendant les premiers jours en Afrique du Nord, nous dûmes aussi nous battre contre les forces françaises restées loyales à Vichy. D'un autre côté, durant les campagnes d'Abyssinie, de Libye et de Tunisie, des milliers de Français ont combattu avec nous contre l'ennemi commun. Lorsqu'ils s'opposaient à nous, les soldats et les marins français obéissaient aux ordres de leurs officiers supérieurs après que Vichy – agissant sous l'emprise des Allemands – avait purgé l'armée de ses éléments probritanniques. Parmi ces derniers, nombreux sont ceux qui combattirent par la suite à nos côtés, comprenant que nous étions leurs alliés.

Les réactions aux bombardements – Si vous vous demandez laquelle des deux attitudes caractérise le mieux les sentiments des Français, rappelons quelques faits. N'oubliez pas que lorsque la R.A.F. bombarde des usines, des aérodromes, des voies ferrées utilisés par les Allemands, tuant et blessant des civils, les Français, qui savent à quel point nous essayons de viser de notre mieux, aident nos aviateurs, obligés de sauter en parachute lorsque leur appareil est touché, à échapper aux Nazis, et qu'ils fleurissent les tombes de ceux qui se sont écrasés au sol. Malheureusement, les derniers bombardements sur des zones à forte densité de population ont causé de lourdes pertes parmi les civils. Il est normal que cela ait occasionné quelques ressentiments. Souvenez-vous aussi de la défense héroïque des Français à Bir Hakeim et de la façon dont ils ont chassé les Allemands de Corse.

Nous ne devons pas douter de la bonne volonté de la vaste majorité de la population. Les Français sont mieux disposés que jamais à notre égard, certainement mieux que durant la « drôle de guerre » de 39-40 ou que durant les campagnes de celle de 14-18. La petite minorité, dont on ne louera jamais assez le courage, qui a conduit la Résistance sur le sol de la mère patrie, bénéficie maintenant du soutien d'une proportion toujours croissante (dernièrement 95 %) qui avait résisté passivement aux Allemands et à leurs laquais de Vichy. Ces résistants, qu'ils soient actifs ou passifs, nourrissent des sentiments positifs à notre égard, non seulement parce que nous poursuivons le même but qu'eux – vaincre les Nazis – mais aussi parce que nos diffusions radiophoniques et nos tracts ont raffermi leur volonté de résister. En outre, l'exemple de notre ténacité et de nos succès a stimulé leur détermination. Si la Grande-Bretagne avait échoué, les Français auraient sans doute sombré dans le désespoir.

La débâcle de 1940 – En 1940, nos deux pays ont connu un désastre militaire. Mais alors que nous poursuivions la guerre sans faiblir, la résistance illégale en France et les forces du général de Gaulle, désavouées par Vichy, restèrent longtemps les seuls indices que la France n'était pas soumise. À cette époque, certains d'entre nous, non sans raison, reprochèrent aux hommes politiques français d'avoir capitulé. Une partie d'entre nous accusa certains généraux français, mais la grande majorité blâma la France en tant que nation. **Si vous êtes de ceux-là, souvenez-vous que personne ne gagnera rien à remuer le passé et que depuis 1940 les événements ont prouvé quel était l'état d'esprit des Français à l'heure actuelle.**

Les Français se souviennent d'un aspect de la guerre que nous oublions trop souvent : le fait que la Grande-Bretagne ne fut pas vaincue en 1940 n'est pas seulement dû à Winston Churchill ni aux héros de la Bataille d'Angleterre, mais aussi au fait que notre pays est protégé par vingt milles de mer et par la Royal Navy. **Si les Allemands avaient pu franchir**

la Manche aussi aisément qu'ils ont franchi la Meuse, sommes-nous sûrs que notre pays n'aurait pas subi le même sort que la France ? Des milliers de nos fantassins, de nos marins et de nos aviateurs auraient continué le combat hors de la mère patrie (comme le fit pendant si longtemps le général de Gaulle), tandis qu'à l'intérieur du pays, la population civile aurait continué de combattre les troupes d'occupation allemandes (comme le firent les Français) par le sabotage, la résistance, et, l'heure venue, la révolte ouverte.

Grâce à la mer, ce cauchemar ne se produisit jamais ; cependant, la France fut envahie à la vitesse de l'éclair, puis le gouvernement français décida à une étroite majorité de ne pas poursuivre la guerre à partir de l'Afrique du Nord. Un armistice fut signé et un gouvernement fantoche, que les Français ne reconnurent jamais, prit le pouvoir. Les Français ne sont pas fiers de la décision lamentable de leur gouvernement en 1940. Mais si vous avez l'imprudence d'insister, ils vous diront que la Grande-Bretagne a bien de la chance d'être une île.

La France depuis 1940

La plus grave erreur que vous puissiez commettre est d'essayer de reprendre le fil de l'histoire anglo-française au moment où il fut rompu en 1940, comme si la France n'avait pas changé depuis cette date. Essayez de comprendre ce qui s'est passé entre-temps. En plus de la souffrance et du refus de se plier au jeu des Allemands dont nous avons déjà parlé, vous devrez avoir à l'esprit deux faits principaux afin d'éviter tout malentendu.

Premièrement, le gouvernement de Vichy, dont on vous a rebattu les oreilles, est depuis longtemps considéré comme un outil à la solde des Allemands par presque toute la population. Deuxièmement, la résistance active de petits groupes isolés contre la Gestapo, l'armée allemande et Vichy, qui vit le jour sitôt après la défaite, s'est organisée et ses réseaux couvrent maintenant toute la France. Elle reconnaît une autorité centrale, ses membres se considèrent comme des soldats et obéissent à des ordres militaires.

Les Français qui ont tant risqué dans ces groupes de résistants ont le sentiment d'avoir fait tout ce qui était en leur pouvoir pour racheter l'honneur de leur pays après la débâcle. Ainsi, avant de rappeler à un Français que la France nous a laissé tomber en 40, souvenez-vous que vous parlez peut-être à un de ces milliers de soldats sans uniforme qui s'est aussi bien battu que vous contre le même ennemi, mais dans des conditions combien plus défavorables.

Le blocus allié – Les Allemands et Vichy ont tout fait pour que les Français s'imaginent que la pénurie était due au blocus allié. Leur propagande a en grande partie échoué, et le Français moyen attribue les rationnements au pillage des Allemands. On trouve toutefois ici et là un certain ressentiment sur les avatars du blocus. Si vous rencontrez ces réticences, efforcez-vous de ne pas tomber dans des discussions qui risquent de s'avérer compliquées et peu concluantes. Le blocus fut nécessaire afin de priver l'ennemi – dont la politique délibérée a été de réduire à leur strict minimum les biens de consommation courante dans les territoires occupés – de fournitures de toutes sortes.

Les secours – Si l'approvisionnement tarde à arriver, vous rencontrerez peut-être, comme il en a déjà été question, des Français déçus. **Si on vous interroge sur le sujet, expliquez qu'il faut vaincre l'Allemagne le plus vite possible, et que, par**

conséquent, les armées sont ravitaillées en priorité. Au début, cela impliquera que les pays libérés ne recevront que peu de ravitaillement, mais les civils doivent prendre patience et être assurés que nous faisons de notre mieux pour que l'aide matérielle leur parvienne dès que possible.

La vie dans le pays libéré

La nourriture – La France, virtuellement affamée par décision allemande, ainsi que vous l'avez vu, nous ne pourrons, les premiers mois, vivre aux crochets de l'habitant. Par la suite, les conditions peuvent changer. Dans ce cas, vous constaterez partout en France à quel point la bonne cuisine transforme les aliments les plus simples. **Ne donnez jamais vos rations, vos vêtements ni quelque provision que ce soit aux habitants. Les Affaires civiles distribueront des provisions dès qu'elles seront disponibles**. Donner vos provisions encouragera non seulement les civils à en réclamer davantage, demandes qui ne pourront être satisfaites, mais compliquera la tâche de l'intendance déjà surchargée de travail.

Les boissons – En France, dans la plupart des régions vous devrez faire bouillir l'eau du robinet, d'un puits, d'une rivière ou d'une source, sauf si votre major la déclare potable. Vous ne trouverez pas de lait frais ; les Français n'en n'ont déjà pas assez pour leurs enfants. Le thé, que les Français boivent peu, est introuvable. Il y a en outre une pénurie généralisée de café.

Le vin, l'alcool et, dans le nord, le cidre brut, sont les boissons de base. Aujourd'hui, elles sont rationnées, et les Français s'estiment heureux s'ils obtiennent leur ration complète. **Si on vous offre du vin ou de l'alcool, n'oubliez pas que ces boissons sont plus fortes que celles auxquelles vous êtes habitués.** La bière française ressemble assez à notre ale légère, mais vous aurez de la chance si vous en trouvez et, en outre, elle est actuellement très coupée.

Les Femmes – Les Françaises, jeunes ou vieilles, sont loin d'être timides, et si vous avez du cœur, elles deviendront vite vos amies. Mais ne confondez pas l'amitié avec la bagatelle. Les femmes avec qui vous vous permettez des libertés en Angleterre, vous les trouverez en France, et celles que vous offusqueriez gravement au pays sont les mêmes qui, en France, seront profondément choquées si vous « tentiez quelque chose » avec elles.

Les pères, les frères et les fiancés des Françaises seront souvent incapables de les protéger parce qu'ils combattent ou qu'ils ont été déportés en Allemagne. En dehors des questions de discipline, il vous revient de vous comporter avec leurs femmes comme vous aimeriez que les Français se comportent avec les vôtres. Sinon, vous porteriez atteinte à la réputation des soldats britanniques en vous conduisant moins bien que les Allemands qui, du moins au début, ont fait preuve d'une remarquable retenue, même si par la suite leur conduite laissa grandement à désirer. Quant aux femmes de petite vertu, si vous avez relevé la prévalence des maladies vénériennes, vous avez de bonnes raisons de les éviter.

Les distractions – Les cinémas français ne sont pas aussi modernes que les nôtres. Bien souvent il est interdit d'y fumer à cause des risques d'incendie. La E.N.S.A. (Service des spectacles aux armées) s'occupera en temps voulu de vos divertissements ; les films projetés dans les cinémas français seront fournis par les Américains et par nous-mêmes dans les mois à venir. Il serait aussi maladroit d'envahir les cinémas et les cafés des Français que d'acheter tous les produits de leurs épiceries : vous avez pu vous détendre tout à loisir chez vous. C'est pourquoi l'accès à certaines salles de spectacle vous sera interdit.

Les Sports – Les Français se passionnent pour le football, c'est un sport qui est pratiqué partout ; on joue surtout au rugby dans le sud et le sud-ouest. Les Français ont aussi produit d'excellents tennismen. Ils jouent au hockey, surtout dans le nord, et le basket est très populaire lui aussi. Ils ne jouent pas au cricket, n'aiment pas beaucoup les courses de lévriers, et les courses hippiques connaissent moins de succès que chez nous. Le sport favori des Français est le vélo : si votre régiment a l'occasion d'organiser une course cycliste avec les champions du cru, la plupart des habitants se précipiteront pour y assister. Un autre sport très prisé des Français est une forme de jeu de boules, qui se pratique d'habitude sur un terrain en terre, contrairement à notre bowling qui exige une pelouse parfaite. Les jeux de cartes des Français diffèrent des nôtres et se déroulent souvent dans une atmosphère enfiévrée.

Le code de la route – Rappelez-vous qu'en France on roule à droite, jamais à gauche. Les routes principales sont rectilignes et en excellent état, les routes secondaires varient, à l'image des nôtres. La France occupée – à cause des Allemands – comprend une proportion excessive de vieux et de très jeunes ; les hommes valides ont été en grande partie déportés. Ne traversez jamais une ville ou un village à une vitesse qui obligerait les habitants à s'écarter précipitamment sur votre passage. Ils risquent de ne pas y parvenir à temps.

Le comportement – Dans la France occupée l'armée britannique représente aujourd'hui le peuple anglais dans son ensemble. Toute écart de conduite d'un seul soldat sera vécu par les Français, non comme l'affaire d'un individu ou d'un régiment, mais comme « la façon dont les Britanniques se comportent ».

À l'heure actuelle, les Français, qui ont beaucoup souffert de l'occupation allemande, ont tendance à être très susceptibles. Il nous appartient de leur montrer ce surcroît de considération qui fait la différence entre la bonne volonté et la véritable amitié.

Le peuple français, tout comme le nôtre, comprend sa part de bons et de mauvais sujets. Vous aurez de la chance si vous ne rencontrez que les bons Français ; ne critiquez donc pas les Français en général si vous tombez sur un « sale type ». Il y a probablement un ou deux « sales types » dans chacun de nos bataillons.

Les Français vous accueilleront comme des invités attendus de longue date. Un bon invité cultive la sympathie de son hôte en lui causant le moins de souci possible et en faisant de son mieux pour l'aider. Si vous vous conduisez de la sorte, vous jouerez pleinement votre rôle d'allié et vous améliorerez votre situation par la même occasion.

La monnaie

La monnaie française est basée sur le système décimal. Il est facile de se rappeler que 100 centimes valent un franc, et nous vous indiquerons combien il y a de francs dans une livre sterling. Les seules complications que vous rencontrerez concernent la façon dont les gens du peuple comptent les petites sommes jusqu'à cinq francs en sous ; un sou vaut cinq centimes, de sorte que 20 sous valent un franc et 100 sous, 5 francs.

Les pièces françaises sont en aluminium ou en cuivre, mais vous trouverez peut-être des billets, même pour les petites sommes. Les Allemands ont retiré toutes les pièces de la circulation pour les fondre et en faire des munitions.

Au début, vous n'aurez pas grand-chose à acheter. Lorsque l'heure viendra pour vous de faire des achats, essayez de ne pas dépenser votre argent d'une manière qui renforcera la vieille croyance française selon laquelle tous les Britanniques sont de riches pigeons. **Ne soyez pas avare, mais ne soyez pas dépensier ; sinon, les prix vont grimper, ce qui nuirait à la population et ne vous avantagerait pas non plus.**

Les choses à faire

Les Français sont nos amis. Les Allemands sont nos ennemis et aussi ceux des Français. Souvenez-vous qu'individuellement, les soldats allemands se sont souvent bien comportés en France. Vous devrez donc faire encore mieux qu'eux.

Nous aidons la France à se libérer. Des milliers de Français ont été abattus en défendant l'esprit de liberté. Montrons-leur que nous sommes conscients du rôle qu'ils ont joué, aussi bien dans la guerre précédente que dans celle-ci.

Les Français sont plus polis que la plupart d'entre nous. N'oubliez jamais de les appeler « Monsieur, Madame, Mademoiselle », de préférence à un simple « Hé ! »

Faites preuve de patience si vous avez du mal à comprendre ce que vous dit un Français. Il a probablement autant de mal que vous.

N'oubliez pas de saluer un civil ou un agent de police quand vous vous adressez à lui. C'est la forme de politesse adoptée par les Français. Saluez lorsque vous entrez et quand vous quittez une maison, un café ou une boutique.

Soyez naturel, mais tâchez de ne pas vous sentir chez vous tant que votre ami français ne vous y a pas invité. Rappelez-vous que les Français ont beaucoup souffert depuis quatre ans. Tenez-en compte.

Les choses à ne pas faire

Ne critiquez pas la défaite de l'armée française en 1940. De nombreux Français sont convaincus qu'ils avaient une excellente armée, mais qu'elle était insuffisamment équipée et mal dirigée. D'autres ne se privent pas de critiquer leur propre armée, mais ils seront eux aussi vexés s'ils entendent des critiques dans la bouche d'étrangers.

Ne vous lancez pas dans des discussions sur la religion ou la politique. Si un Français soulève une des questions qui a contrarié les bonnes relations franco-britanniques depuis 1940, changez de sujet. Chaque question a deux facettes, mais évitez de prendre position.

Ne vous laissez pas entraîner dans des polémiques sur les mérites et les succès comparés des Nations Unies.

Même si on vous propose de la nourriture, n'acceptez jamais. Sinon, un malheureux risque de sauter un repas à cause de vous.

Si vous logez chez l'habitant, laissez la chambre dans l'état où vous l'avez trouvée. Quelqu'un viendra y habiter après vous.

Modérez votre consommation d'alcool. Si vous avez la chance de boire du vin, apprenez à « tenir l'alcool ». C'est parce que certains de nos soldats ont failli à cette règle qu'on a critiqué tous les Britanniques venus combattre en France en 39-40, et de nouveau en Afrique du Nord.

Ne vendez ni ne donnez jamais vos rations ni votre équipement.

Comment se faire comprendre

Il n'est jamais facile de se faire comprendre dans une langue étrangère, surtout au début, et sans doute encore moins de comprendre la réponse. Si vous trouvez un Français qui connaît un peu d'anglais, parlez très lentement et très distinctement. Si vous essayez de comprendre le français, demandez à votre interlocuteur de bien articuler, ou (si cela doit vous aider) de coucher ses propos par écrit.

Les mots et les expressions figurant à la fin de ce traité ne vous permettront pas de parler français « comme un autochtone », mais ils vous dépanneront en attendant que vous fassiez des progrès. Si un Français ne comprend pas votre prononciation, désignez le mot sur le lexique.

Vous ne pouvez vous attendre à comprendre la grammaire française en une seule phrase, mais vous remarquerez que les mots sont soit masculins soit féminins et que les adjectifs ou articles (c'est-à-dire, « a » ou « the ») changent en fonction du genre du nom auquel ils se rapportent. Ainsi « my father » est « **mon** père », « my mother », « **ma** mère », « a knife » est « **un** couteau », « a fork », « **une** fourchette ». (L'anglais est la seule langue qui évite ce genre de complication).

LEXIQUE

Mots et expressions de première nécessité

Note : vous trouvez sous chaque mot français sa prononciation anglaise en italique, qui retranscrit aussi bien que possible sa phonétique.

Good morning, ou good afternoon Good evening	Bonjour, bonsoir *Bonjewer, Bonswa*
How do you do?	Comment allez-vous ? *Commont allay-voo ?*
Goodbye	Au revoir *Oh-rewa*
I am, He is, She is	Je suis, Il est, Elle est *Sher swee, Eel ay, Ell ay*
We are, You are, They are	Nous sommes, Vous êtes, Ils (Elles) sont *Noo som, Vooze ate,* *Eel (El) sonn*

Is there anyone who speak English?	Y a-t-il quelqu'un qui parle anglais ? *Ee-ah-teel kel-kern* *key parl ongly ?*
What is your name (adress)	Quelle est votre nom (votre adresse) ? *Kel ay votrer nom* *(votrer adresse)*
Please bring me, give me, lend me	Apportez-moi, donnez-moi *Apportay-mwah,* *donnay-mwah* Prêtez-moi, s'il vous plaît *Praytay-mwah, s'il voo play*
I like this very much	J'aime beaucoup ceci *Shame bocoo sirsee*
Hurry ! Slowly !	Vite ! Lentement ! *Veet ! Lentermon !*
What do you call this?	Comment s'appelle ceci ? *Comorr sapel siresee ?*
I don't understand	Je ne comprends pas *Sher ner compron pah*
Do you understand?	Comprenez-vous ? *Comprenay voo ?*
Please speak slowly	Parlez lentement *Parlay lentermon*
(Write it down)	(Ecrivez-le) *Ekreevay-ler*

What nationally are you?	De quelle nationalité êtes-vous ? *Der kell nass-ee-onalitay ate voo ?*
Are you french? German ?	Êtes-vous français ? Allemand ? *Ate voo fronsay ? Allmon ?*
Have you seen any soldiers?	Avez-vous vu des soldats? *Avay voo view day soldah ?*
The enemy?	L'ennemi ? *L'enmee ?*
What kind of soldiers?	Quelle sorte de soldats ? *Kell sort der soldah ?*
Are the trees in that wood thick ?	Ce bois est-il épais *Sir bwah ate-eel epay ?*
Can we sleep in your barn	Pouvons-nous dormir dans votre grange *Poovon noo dormer* *dong votrer gronge*
(Outbuilding)?	(Vos hangars) ? *(Voze hongar) ?*
Where is the town hall?	Où est la mairie ? *Oo ay lah mary ?*
The police station?	Le commissariat ? *Ler commissariah ?*

Sur la route

Is this the way to...?	Est-ce le chemin pour...? *Ay sir ler shman poor...?*
Which is the way to...?	Quel est le chemin pour...? *Kell ay ler shman poor...?*
How far is it to...?	À quelle distance est...? *Ar kell deestons ay...?*
Will you guide me, please?	Voulez-vous me conduire, s'il vous plaît? *Voolay-voo mer condweer, seal voo play?*
Where does this road lead to?	Où mène cette route? *Oo mane set root?*
Where am I now?	Où suis-je maintenant? *Oo sooee-jar maintenon?*
Show me on this map	Montre-moi sur cette carte *Mantree-moah ser set cart*
Is this road clear?	Cette route est-elle ouverte? *Set root ate ell oovairt?*
I am lost	Je suis perdu *Sher swee pardoo...*
I want to go (return) to...	Je voudrais aller (rentrer) à... *Sher voodray allay (rontray) ar...*

Stop! Go back (reverse)!	Arrêtez! En arrière! *Arrettay! On arree air!*
Go on!	En avant! *On avon!*
Danger!	Danger! *Donjay*
Bicycle, horse	La bicyclette (le vélo) le cheval, *Lar bee-see-clet (ler vailo)* *ler sheval*
mule, cart	Le mulet, la charrette *Ler mewlay, lar sharret*

Au garage

My car (lorry, truck)	Ma voiture (mon camion) *Marmm vwattewer* *(mon cam-ee-on)*
Has broken down	Est en panne *At on pan*
Where is the nearest **garage**?	Où est le garage le plus proche *Oo ay ler garage ler ploo prosh?*
I need petrol	J'ai besoin d'essence, *Shay bes-wann dessonce*
(Oil, water)	(d'huile, d'eau) *(dweel, doe)*

Can you lend-me some tools?	Pouvez-vous me prêter des outils? *Poovay-voo mer praytay daze oottee?*

Le logement

Where can I get a bed for tonight?	Où pourrai-je coucher cette nuit? *Oo poor-age cooshay set nwee?*
These are my (our) billets	Je suis (nous sommes) logé ici *Shar swee (noo som) lowjay eesee*
May I (we) come in?	Peut-on entrer? *Purt-on entray?*
I shall be returning late	Je rentrerai tard *Sher rontrerat tar*
(leaving early)	(partirai de bonne heure) *(Parteray der bon urr)*
Can we have something to eat?	Pouvons-nous manger? *Poovon-noo monjay*
Drink?	Boire? *Bwarr*
May I have a key?	Puis-je avoir la clef? *Pweege arwarr lar clay?*
A hot bath, soap, towel	Un bain chaud, le savon, la serviette *Urn ban show, ler savon, lar serviette*

Lavatory, cloakroom,	Les toilettes, le vestiaire *Lar twahlet, ler vestayre*
Dining-room	La salle à manger *Lar sal ar monjay*

Au restaurant

Where can I eat (Drink)?	Où peut-on manger (boire)? *Oo purt-on monjay (bwarr)?*
May I have breakfast	Puis-je avoir le petit déjeuner? *Pweege arwarr ler p'tee day-shuon-ay*
(dinner, supper)?	Le dîner, le souper? *Ler deenay, ler soopay?*
How much a kilo (a litre)²	Combien le kilo (le litre)? *Combyang ler keelo (ler lietr)?*
Wine, cider, beer	Le vin, le cidre, la bière *Ler vang, ler ceedrer, lar beeyare*
The bill, please	L'addition, s'il vous plait. *Lad-issy-on, seal voo play*

Accidents

Fetch a doctor, please	Allez chercher un médecin, s'il vous plaît. *Allay shairshay urn maidsang seal voo play*

Come and help quickly	Venez vite aider *Venay veet aiday*
There has been an accident	Il y a eu un accident *Eel ee ah ewe urn ack-see-dong*
I have been wounded (Injured)	Je suis blessé *Sher swee blessay*
Artery, tourniquet	L'artère, le garrot *Lartare, ler garrow*
Bring cold (boiling) water	Apportez de l'eau froide (bouillante) *Apportay der lo frwahd (boo-ee-ent)*

Poids et mesures

Basés sur le système métrique en usage dans la plupart de l'Europe. C'est un système plus simple que le nôtre, car les unités sont toutes des multiples de dix. Les équivalents sont approximatifs, afin de donner un rapide aperçu.

LONGUEUR

1 centimètre (cm)	= Deux cinquième de pouce
1 mètre (m = 100 cm)	= Trois pieds et trois pouces
1 kilomètres (km = 1000 m)	= Cinq huitième de mile

Pour convertir les centimètres en pouces, multipliez par 4 et divisez le résultat par 10 (1 pouce = 2,5 cm – 1 pied = 30 cm)

Pour convertir les mètres en yards – ajoutez 1/9e au nombre de mètres. (1 yard = 9/10e de mètre)

Pour convertir les kilomètres en miles, divisez les kms par 8 et multipliez le résultat par 5 (1 mile = un peu plus de 1 km et demi.)

POIDS

1 gramme (g)	=	15,5 grains
1 kilogramme (kg)	=	2 livres et 3 onces.
1 tonne	=	1.016 kilos

Pour convertir les kilogrammes en livres – doublez puis ajoutez 1/10e au résultat (1 livre = à peu près un demi kilo ; cent douze livres (hundredweight) = 50 kilos

SURFACE

1 hectare = près de 2,5 acres

Pour convertir les hectares en acres, multipliez par 5 et divisez par 2 (1 acre = 2/5e d'hectares)

VOLUME

1 Litre = 1 pinte ¾

Pour convertir les litres en pintes, ajoutez un demi, puis un demi de la demie. (¾ de pinte = juste un peu plus d'un litre)

Pour convertir les litres en gallons, divisez par cinq (1 gallon = 4 litres et demi)

TEMPÉRATURE

L'unité de mesure utilisée s'appelle le centigrade, où l'eau gèle à 0 degré (au lieu de nos 32° Fahrenheit) et bout à 100° (au lieu de nos 212° Fahrenheit)

La température normale du corps est de 37°

Pour convertir les centigrades en Fahrenheit, doublez, soustrayez un dixième du résultat et ajoutez 32. (100° F = environ 38° C)

Mesures de sécurité

Vous devez désormais comprendre que tout ce que vous avez appris sur les mesures de sécurité lors de vos entraînements en Grande-Bretagne s'applique avec la même rigueur au cours des opérations sur le continent. Ceux d'entre vous qui ont déjà servi à l'étranger pourront témoigner auprès de leurs camarades que les consignes de sécurité, pour les raisons qui vont suivre, sont encore plus importantes à respecter sur le continent qu'au Royaume Uni.

L'une des raisons principales est que vous devrez pénétrer dans des régions occupées par l'ennemi depuis longtemps. **Celui-ci fera tout son possible pour laisser derrière lui, dissimulés parmi la population, des espions, des saboteurs, et des propagandistes qui constitueront pour vous une menace permanente.**

Leur nombre dépassera de loin ce à quoi nous sommes habitués – et il sera incroyablement difficile de les démasquer. Ajoutons que l'ennemi aura préparé des voies de communication pour ses agents, et qu'il pourra sans doute les utiliser longtemps après la fin des hostilités.

Vous devrez donc être constamment sur le qui-vive, même dans des zones où les combats ont été gagnés et où règne un calme relatif. C'est précisément dans ces régions que vous devrez être sur vos gardes.

Comme on vous l'a maintes fois répété, dans les affaires de sécurité le mot clé est la responsabilité. C'est sur la discrétion de chaque Britannique et de chaque Américain que repose la sécurité de toute l'armée. Cela s'applique en particulier dans vos relations avec la population. **N'oubliez pas que bien plus d'Européens comprennent l'anglais qu'on ne le croie en général. Faites donc attention à ce que vous dites – non seulement aux civils, mais aussi entre vous lorsque vous êtes à portée d'oreille.**

Les communications téléphoniques représentent un danger à part. Le secret des documents doit être mieux gardé que d'habitude. Même les lettres que vous recevez de vos parents, l'adresse de vos amis du même corps expéditionnaire qui figure sur l'enveloppe, risquent de contenir des informations que l'ennemi brûle de connaître.

Vous devrez vous méfier des suspects et faire part de vos soupçons à votre officier ou à un sous-officier du Service de Sécurité. Faites particulièrement attention en vérifiant les papiers d'identité et n'hésitez pas à retenir, par la force s'il le faut, tout individu suspect. Il peut parfois être déguisé en soldat ou en officier britannique ; et il n'est pas impossible d'une belle espionne tente de vous séduire.

Les risques de sabotages sont également à redouter. Cela signifie que lorsque vous garderez du matériel ou des équipements, votre mission sera de la plus haute importance. Et vous devrez continuer à faire très attention à vos armes et à votre équipement.

Vous devrez vous attendre à ce que la propagande s'efforce de creuser un fossé entre les alliés, par exemple en encourageant les sentiments anti-russes. Elle tentera aussi de faire naître de la sympathie pour les Allemands. Cette propagande – qui peut prendre plusieurs formes – sera dirigée par des agents et des sympathisants ennemis pour vous saper le moral. Les femmes sont passées maître dans cet art, et sachez que l'ennemi n'hésitera pas à les utiliser. Ne vous laissez pas détourner de vos objectifs. Vous avez une mission à remplir – vous devrez la mener jusqu'au bout avec détermination.

La vie dans l'ancienne Europe nazie réclamera toute votre vigilance, votre vivacité d'esprit et votre sang-froid. Pour ce faire, appliquez avec bon sens les mesures de sécurité qu'on vous a enseignées.

Signalisation routière
(Par ordre d'apparition sur la page)

Cassis

Virage dangereux

Croisement

Passage à niveau
non gardé

Sens unique

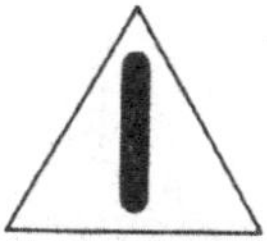
Danger (différent
des précédents)

Interdit aux
véhicules à moteur

Limite de poids

Vitesse limitée à

Interdiction
de doubler

Stationnement
interdit

Arrêt interdit

INSTRUCTIONS
FOR
BRITISH
SERVICEMEN
IN
FRANCE
1944

CONTENTS

EDITOR'S NOTE

This edition reproduces the spelling of the original, except in the case of ize/ise spellings, which have been regularized.The section entitled 'Words and Phrases' is printed in abridged form.

PREFACE

A draft of this pamphlet, stamped 'Confidential' and called 'Soldiers' Guide to France', survives, alongside a copy of the work as published, in the papers of the journalist Herbert David Ziman, which were given to the Bodleian in 1995 by his daughters, Elizabeth Ziman and Naomi Roberts. Ziman was on the staff of the *Daily Telegraph* for 35 years, as leader-writer, war correspondent and finally, from 1956 to 1968, as literary editor and special correspondent throughout the world. Having served with the Artists' Rifles for four years before the outbreak of war, he was called up in September 1939 and joined the Middlesex Regiment. We learn from a *curriculum vitae* which he drew up in 1947 that, during secondment from the Intelligence Corps to the French Section of the Political Warfare Executive in 1943, he wrote 'the little pamphlet on France issued to troops for the invasion'.

It is a remarkable little pamphlet, demonstrating both a wide-ranging knowledge of France and a deep sympathy for the French people. The opening quotation from Churchill in August 1943 on the certainty of France rising again 'free, united and independent', sets the scene for what follows: the upbeat summaries of French history and geography, the lively survey of national and regional characteristics, the section of useful French phrases (of which only a flavour is given here), the conversion of metric measures, the explanation of road signs and the final grave warning about the risk of sabotage and the importance of the strictest security. Although essentially a set of instructions to British servicemen in the Second World War on how to behave to the civilian population in a foreign country, its blend of common sense and humanity makes it a document of enduring interest.

It is fascinating to compare this pamphlet with the *Instructions for American Servicemen in Britain 1942* (Bodleian Library, 2004). They have much in common. Both consider it necessary to rehearse the basics of considerate behaviour abroad, including avoidance of political argument, criticism of local customs and over-enthusiastic acceptance of hospitality in countries where food is scarce and rationed. British servicemen are told to 'be natural, but don't make yourself too much at home till you are sure your French friends like it', and the Americans are advised to 'be friendly, but don't intrude anywhere it seems you are not wanted'. The British are given a three-page summary of the history of France and told that throughout the sixteenth, seventeenth and eighteenth centuries the French were not only the dominant power in Europe, but also the chief cultural and civilizing influence; while the Americans are reminded that Britain is the cradle of democracy and of many American liberties. It takes two pages to instruct the British soldiers on how France was governed before the occupation. Americans are told simply that the old monarchical power has shifted to the Parliament, Prime Minister and Cabinet, but are warned 'NEVER' to criticize the King or Queen.

In an article in the *Daily Express* of 9 June 1944, just three days after D-Day, J. M. Cameron wrote that, far from being a 'schoolmasterish' set of instructions or 'a Cook's appendix to the King's Regulations', the Soldiers' Guide was 'the gentlest and most human article the soldier carries to the wars'. The suffering of the French people during four years of enemy occupation is a recurring theme in the pamphlet, as is the need to move on from the collapse of France in June 1940 and to recognize the achievements and sacrifices of the French Resistance. The frequent references to the events of 1940 reflect their importance in shaping contemporary opinion in Britain about France and the French. Similarly the sections on the French, their culture and their way of life are as revealing of British attitudes as they are of those of their allies across the Channel. As Cameron shrewdly pointed out, the pamphlet was 'probably the only guide to foreign parts which holds up the mirror not to the place, but to the visitor'. For example, an instruction not to drink too much alcohol is accompanied by the information that there was always less drunkenness in pre-war France than in England, and that the inability of some British troops to 'take their wine' was 'the one point made against our men in France in 1939–40 and in North Africa'. Again, soldiers in the British Expeditionary Force in 1944 are warned to guard against the thoughtlessness of some British peace-time visitors whose behaviour implied that nowhere abroad came up to their standards or expectations.

As a document reflecting the enduring problems of war, occupation and invasion, the pamphlet continues to be of interest long after it has served its original purpose. In particular for the millions of British who, since the end of the Second World War have holidayed or settled in France, it offers a fascinating glimpse of France herself and of British attitudes to France at a crucial time in the history of both countries, an instructive guide against which to measure contemporary cross-Channel relations.

Mary Clapinson
Senior Research Fellow
St. Hugh's College, Oxford
2005

INSTRUCTIONS FOR BRITISH SERVICEMEN IN FRANCE

Prepared by
The Political Warfare Executive
Issued by
The Foreign Office, London

1944

This book has nothing to do with military operations. It deals only with civilian life in France and with the way you should behave to the French civilian population.

"You may be sure that France will rise again free, united, and independent, to stand on guard with others over the generous tolerances and brightening opportunities of the human society we mean to rescue and rebuild."

MR. CHURCHILL
(Aug. 31st, 1943)

—FRANCE—

A NEW B.E.F., which includes you, is going to France. You are to assist personally in pushing the Germans out of France and back where they belong. In the process, you will meet the French, maybe not for the first time. You will also, almost certainly for the first time, be seeing a country which has been subjected to German occupation for several years. This is a point worth fixing in your mind. You will learn what it means.

The pages which follow are devoted to the French and not the Germans, who have incidentally behaved far worse in other countries than in France. Indeed, the individual German soldier has behaved, on the whole, remarkably correctly in France. He was ordered to do so. It was part of a plan for winning France over to the Nazi "New Order" for Europe. But the French have *not* been won over. They have had a long and painful lesson in what the "New Order" means. Their one desire has been, and is, to get the

Germans and the "New Order" out. You will be left in no doubt that they welcome your help in achieving this. But the results of the German occupation are likely to be seen even in the way you are welcomed: the French will give you as good a welcome as they can, but the last few years have made this difficult, as you will realize as soon as you read on.

—What occupation has meant—

Remember that continental France has been directly occupied. In consequence it has been stripped of everything by the Germans. Almost all French civilians (including French children) are undernourished, and many have died from exhaustion and hunger, because the Germans have eaten the food. The Germans have also drunk the wine or distilled it into engine-fuel. So there are only empty barrels to roll.

You have known something of rationing at home, and seen temporary shortages of various things to which you were accustomed. But you have never known, as the French, thanks to the Germans, have known, a lasting dearth of the commonest articles. Food, drink, clothes, tobacco—everything has been rationed, but to have a coupon has not meant to get even the meagre ration. Women have queued up daily for vegetables from four in the morning till the market closed at 8.30—and gone away without any because the Germans had robbed the lorries on the way. Bread has often been unobtainable and often nearly uneatable. There have been minute rations of a soap which will not wash. Simple necessities like bandages or baby-foods or condensed milk have been unobtainable. Cigarettes have been rationed to three a day—when they were available at all. The towns have suffered worst, but the country districts have not escaped lightly. Short or non-existent rations have, of course, been supplemented by black-market activities. Some of the activities have been designed to keep food out of German hands, and have had general approval of patriotic Frenchmen. Others have amounted to black-market selling and buying as we know it for the benefit of profiteers and those with enough money to buy at the expense of their poorer countrymen.

Effects on the French.—So the French, after the German occupation, are, generally speaking, in no position to entertain you lavishly, though families may get up from the cellar in our special honour a long-hidden bottle. If so, remember that it may be the last they have. A good many people are likely in any case to lack the energy or the mood to do much "celebrating" however great their joy and relief at being freed. When anyone has been living for a long time suffering from privation or in a concentration camp, and is suddenly let out, it takes him time to recuperate. And France had developed under the German occupation much of the physical depression of a huge sick-room, and much of the mental stress of a huge concentration camp.

Lack of food, lack of medicines, lack of soap and towels have spread disease in France to an extent previously unheard of. A recent French estimate suggests that as many as one in twelve of the population may be suffering from tuberculosis. Cases of syphilis were most frequent in the neighbourhood of German military centres and may be as many as one in eight of the population. As for the spirit of the concentration camp, two-thirds of France has been ruled directly by the German army and the Gestapo since June, 1940. The rest of France was indirectly controlled by a Quisling Government at Vichy until November, 1942, when the Germans occupied this portion too. The Vichy Government was then allowed to carry on as a local administration. The Germans and their Vichy henchmen introduced all the blessings of the "New Order." Getting on for a million Frenchmen (apart from 1G million prisoners of war) have been deported to Germany. Another 150,000 have been in actual prisons or concentration camps in France. Each year at least 5,000 Frenchmen have been shot for active resistance—one every two hours. This includes anything from derailing a German troop-train to helping British soldiers or airmen escape.

Helping Our Men Escape.—For security reasons we have not heard much about the help which French civilians, at the risk of their lives, have given British soldiers and airmen since the 1940 Armistice. But it is a thing we should remember with the utmost gratitude. The controlled Press and Radio in France have been dinning anti-British propaganda into French minds ever since 1940, accusing us of betraying France and then trying to seize her Empire. These stories have been answered only by the B.B.C. French broadcasts (to which the French are forbidden to listen), by leaflets dropped by the R.A.F. and the Americans (which it is forbidden to pass on), and by the "underground" newspapers run (again at the risk of their lives) by French patriots. Yet the ordinary Frenchman and Frenchwoman have never ceased to regard us as their allies. They have sheltered and fed (often at great personal sacrifice) hundreds of British soldiers and airmen, and passed them right through the country and across neutral frontiers, knowing all the time that their own lives were forfeit if they were discovered.

One motive which encouraged them to take these risks, apart from French patriotism, was certainly the popularity which British troops earned in France between 1914 and 1918, and again in 1939–40. Those of us who were there at the time remember many acts of kindness received from the French, and many small courtesies which we were able to offer in return. We must always remember that we have twice fought together in this century on the soil of France: British cemeteries, if you see them, are a permanent reminder. On this, the third time, we shall get less generous hospitality, just because the Germans have stripped France. But the present British Army is unlikely to behave less well to the French than earlier British expeditionary forces. Indeed, we have reason to show even greater consideration. For the individual German soldier in France has been outwardly very "correct," on the strictest orders. He almost overbalanced, at least at the beginning, in his contortions to appear friendly—but without thereby winning the regard of the French. We owe it to our self-respect as British soldiers to show ourselves really well-behaved in every way. But we, unlike the Germans, can be naturally friendly, seeing that the French are naturally our friends.

One word of warning. If you are among the first to land in France, your welcome will be of the warmest. But if you are a few weeks after the first troops, and if Allied assistance to the French population—food, clothing, etc.—has appeared to them slow in coming, there may be a slight reaction. Remember then, if tackled on the subject, to say that we are doing our best, and all eventually will be well. For that will be the plain truth: after all, the war has hit us, too.

What would you feel?—You will find in this book a few special "tips" on how to behave to the French. But your principal guide is, of course, your own common sense, coupled with your imagination of what *you* would be feeling about friendly foreign troops in your own town or village. Your own people at home must have told you that both British and allied units in their neighbourhood vary considerably in their conduct. Most of them make themselves welcome guests. But some make themselves just a nuisance which has to be endured. One way troops in England can become unpopular, through mere thoughtlessness, is by purchasing in the local shops things which are scarce, so that civilians go short. In the first months you will almost certainly **FI**nd in France such shortage that it will be up to you not to try to buy anything, much less scrounge. An unimportant comfort for a British soldier will be an absolute necessity to some Frenchman. And buying food at a farm may quite likely mean preventing some child in the nearest town from getting a meal.

Above all, have nothing to do with any black market. Whatever the temptation, buying on this simply means that the poor who need food will not get it, and the return to normal distribution will be complicated and delayed.

There is another kind of thoughtlessness, which some of us may have to watch, though it is commoner among British peace-time visitors abroad than among British soldiers. It consists of airing the opinion that such and such a foreign country or town or village is very lucky to have chaps like us passing through. Of course, no one is such a fool as to put the thing bluntly in words like that. But it is amazing how many people (not all, of course, British, or all outside their own country) can imply by their whole manner that the world in general, and the place where they have just arrived in particular, hardly come up to their standards. Well, that kind of attitude, however innocently silly, will be out of place in France. The French accept foreign visitors, which includes us, pretty readily, and they had before the war 3,000,000 foreign residents living among 39,000,000 French people. But they were not particularly impressed by foreigners, or very interested in them. What interested Frenchmen was, and is, France: they think that France is a very great country, with a great record of civilization—and they have every reason to think so.

—The Country—

France is a country of over 212,000 square miles, i.e. nearly 2H times the size of our island. Until Hitler began to sprawl over his neighbours, France was the largest country in Europe outside Russia. It has rivers much longer than our own Thames, and more and higher mountains than can be found in Britain. And whereas we have the sea as our frontier all round, France has nearly 2,000 miles of coast and almost the same length of land-frontiers. These land-frontiers make France far more a continental than a maritime Power. Neither the French navy, nearly as large as our own and thoroughly efficient in 1939, nor the fine French mercantile marine and fishing fleets, nor the possession of an Empire overseas second only to the British Empire, has made Frenchmen in the mass think of the sea as a really important element in the nation's existence. For it is only over the land-frontiers that any direct threat to the nation has come in recent centuries.

When French schoolboys sketch a freehand outline of their country, they start by drawing a six-sided hexagonal figure.

The shape of France then fits fairly easily within this framework. An imaginary tour round this figure, anticlockwise, starting at the top (northern-most) corner, would go first along the edge which faces us across the Channel, past Dunkirk, Calais, Boulogne, Dieppe, Havre, Cherbourg (jutting out on a peninsula like a thumb), St. Malo, and in the north-west corner (Brittany) Brest. Then the western "side" makes a great curve forming the Bay of Biscay—and containing the Atlantic ports of Lorient, St. Nazaire, La Rochelle and Bordeaux. Next comes the mountain frontier with Spain—the Pyrenees. You have now covered three of your six sides.

Follow the next stage—France's Mediterranean coast, with the inward curve of the Gulf of Lions and the mouth of the Rhône, then an outward curve taking in Marseilles and Toulon and ending on the east with the Riviera, where the Alps come down to the sea. Next, northwards along a very jagged "side"—the Alpine boundary first with Italy, then with Switzerland. The frontier begins to turn into another mountain range, the Jura, and then the Rhine boundary with Germany, protected on the French side by the Vosges mountains. So far you have followed the natural frontiers, but along the final stage you follow the unprotected north-eastern edge of France, touching in turn Germany, Luxembourg and Belgium.

North-east Frontier.—It is this frontier which the Germans crossed in 1870, in 1914 and again in 1940—there are people in France who have suffered three German invasions!; and it was because of this frontier, and, of course, because of German ambitions and German strength, that the French were forced to introduce conscription as long ago as at the time of the Revolution, generations before we did this. The southern frontier of France, with Spain, has been settled for nearly 300 years. The eastern frontier with Italy was fixed in 1860. The north-eastern frontier has changed many times through the centuries.

A few years before the war the French started to protect this vulnerable flank with the Maginot Line, which most of us thought was so strong that the Germans could not get into France this time. However strong, it was not long enough; for from where the Belgian frontier begins at Longwy, to the sea nearly 300 miles away, no Maginot Line had been built. It was believed that the Germans would not invade Belgium again, or that the Belgians would be strong enough to stop them. Both ideas were wrong. France was invaded once more.

—The making of France—

British history begins with a succession of invasions from abroad. Since 1066 no one has ever invaded our island. In France, which is not an island, the invasions have continued to our own times, and the 1940 invasion was the third within living memory. That is one reason why the French, starting not unlike ourselves, have developed rather differently.

Roughly 2,000 years ago, just before the Romans came, France and Britain were peopled by closely related races—the Gauls and the Ancient Britons.

In both countries the Romans failed to penetrate to the outlying corners, but their domination of France was more complete and lasting. They left more imposing monuments, particularly in the south—temples, aqueducts, arenas. The Romans also left much of their customs, their laws and their language. These were adopted by the Franks, the next invaders of France, whereas we in Britain got a different system of laws and a different language brought in by the Angles and Saxons.

Normans and English.—Curiously enough the next great invasion also had quite different effects in the two countries. The Danes who raided and settled in England became absorbed. The Norsemen, Viking cousins of the Danes, raided France but finally settled in a compact body in Normandy. Though they adopted the French language and ways, they remained for a long time politically distinct. It was a Norman and not a French invasion of England which was led by William the Conqueror, and for two centuries the Kings of England, in their role as Dukes of Normandy, were highly independent and warlike vassals of the Kings of France.

On and off throughout the Middle Ages the Kings of France were in conflict with Germans, Austrians, Italians, Spaniards and Swiss—and with independent principalities inside France's borders. The long wars with England and the recurrent invasions from our side of the Channel have left the modern Frenchman with no grudge against us, except perhaps for the burning of Joan of Arc.

Before the Revolution.—You may like to have some picture of what happened in France before the French Revolution of 1789. Here is a rough idea:

16th century: Wars with foreign powers (chiefly the Austrian Hapsburg Emperors). Then civil wars (Catholics against Protestants).

17th century: Climax of French monarchy and great age of French literature and art. Colonization abroad and wars in Europe.[1]

18th century: More wars in Europe. Most of the French colonies lost in wars with Britain. The monarchy collapses, not through its tyranny but from its inefficiency.

During this period, France was not only the dominant power in Europe, but the chief cultural and civilizing influence.

The French Revolution was not, of course, a Communist revolution or even mainly a revolution of the poor against the rich. It was a revolution of the prosperous middle-classes who have led France ever since against an aristocracy which had already ceased to lead. Neighbouring continental kingdoms with aristocratic governments became alarmed and tried to restore the French monarchy. The Revolutionary French Republic retorted with a general campaign against foreign monarchs. Britain became involved in one more war with France. It went on (with two short pauses) from 1793 to 1815.

1. Practically all the modern French colonies have been acquired in the last 70 years.

France Since 1815.— Since Waterloo France and Britain have never again been at war. They have fought together as allies three times—in the Crimean War and in the two world wars against Germany. After Napoleon's fall in 1815, the monarchy was restored in France. It was unsettled and short-lived, and finally after a brief experiment in constitutional monarchy beginning in 1830, it collapsed in 1848. There followed the even shorter-lived Second Republic whose President, Louis-Bonaparte, had himself made Emperor under the title of Napoleon 3rd in 1852. During the Second Empire, France laid the foundations of her modern colonial Empire, which was later added to and consolidated under the Third Republic. The Second Empire came to an end with Napoleon's abdication in 1870 after the disastrous Franco-Prussian war (the first of those three German invasions which Frenchmen still living to-day can remember, and which explain the deep-rooted fear and hatred of Germany throughout France). Since that date, and until the setting up of the Vichy régime in 1940, France has lived under the Third Republic.

By comparison with the outwardly settled forms of British government during the same period, the history of France in the nineteenth century consisted of aseries of political upheavals. But underneath all the changes of government the live forces of French democracy remained strong and active. Universal suffrage, introduced in 1848, came earlier in France than in Britain and survived all the anti-democratic measures of the Second Empire. Political and personal liberty, fought for in a series of bitter struggles, remain vital possessions for Frenchmen. Attempts to interfere with either meet unfailingly with a vigorous reaction. Of the original slogan of the French Revolution, "liberty" and "equality" have never ceased to preoccupy Frenchmen, often at the expense of national "fraternity".

—what are the french people like?—

Frenchmen have, of course, a strong *national* feeling—a pride in being, as a united France, so long a dominant force in Europe. But you may also notice among them a *regional* loyalty to the part of France from which they come. This "regionalism" is partly derived from the old separate feudal principalities and dukedoms, partly from racial differences. For the French nation includes other groups as distinct from each other as the Bretons and Normans—for instance the Basques of the South-West, who have a peculiar language of their own, the Catalans at the other end of the Pyrenees, and the people of Provence, inland from Marseilles. Even in those parts of France which have not a separate language of their own there is usually a regional dialect called a "patois" which the peasants prefer to speak rather than the French of the grammar-books.[1]

1. They understand "good" French none the less.

This regional feeling does not imply any weakening of the national spirit. Alsace and Lorraine (whose inhabitants largely speak a kind of German dialect) joined France less than three centuries ago, and were torn away by the Germans from 1870 to 1918. None the less the Alsatians and Lorrainers, to-day temporarily under German rule once more, are chafing to become French subjects again. It is even more remarkable that Savoy, which joined France as recently as 1860, is the main stronghold in which young Frenchmen in thousands have held out in the hills for months to avoid being deported to Germany as "factory-fodder". Evidently France creates French patriotism in its citizens very quickly. But it does not run them into one single type, and it would be difficult to point to a "typical" Frenchman. You yourself, if you first meet the French in the North of France, may easily jump to the conclusion that all Frenchmen are surprisingly silent and dour. If you are in the South of France, you are more likely to think of all Frenchmen as very lively and talkative. Either of these first impressions would be changed if you saw more of France.

Attached to the Land.—All the same, you can make certain generalizations about the French, and the first is their attachment to the land. Before the war over half of the population lived "on the land" or in small country towns. Almost all countrymen, and many townsmen as well, owned and cultivated a small piece of property, even if they also worked for an employer. This widespread ownership of land has given Frenchmen a distinct twist towards individualism. This is helped by the fact that though there are, of course, big industries in France, small firms and independent craftsmen are very common.

The bitterness of French social conflicts in the last years before 1939 and the frequency of strikes were largely due to political quarrels and the comparative newness of large-scale industry and organized trade unionism. Class distinctions are not very obvious in France. The old social castes were largely swept away by the French Revolution, and the Revolution's key-words, "Liberty, Equality and Fraternity", have at least reduced social snobbery to a minimum. Every Frenchman likes to feel himself as good as his neighbours. He would consider himself insulted if a stranger did not call him "Monsieur" ("Sir").

In general the French earned less money than we did in similar occupations—and worked longer hours for it. They spent less on their clothes and the decoration of their homes, less on travel and entertainment. But common sense and good cooking probably made the average French clerk's or workman's home more comfortable than that of many Englishmen of the same status. If it sometimes had fewer or smaller rooms, this did not matter much, since the Frenchman entertained his acquaintances in cafés or restaurants. You had to be a close friend before he asked you home. To-day, of course, the comfort and the good food, thanks to the German occupation, have vanished and he has been unable to replace his worn clothes. Do not judge by present appearances, or remark on "bad housing" when what you actually find is poor sanitation and lack of repairs.

By and large, Frenchmen, whatever their income or job, are inclined to what we would call a "middle-class" view of life. They are outwardly politer than most of us, and they enjoy an intellectual argument more than we do. You will often think that two Frenchmen are having a violent quarrel when they are simply arguing some abstract point. The excitement is all on the surface; fundamentally they are at least as tolerant as ourselves.

The French, however, are not tolerant of authority—as the Germans have found to their cost. Their first reaction to a uniform or a regulation is not to obey unquestioningly, but rather to ask whether it is necessary and make disrespectful comments if they decide it is not. This is all part of the Frenchman's deep belief in the individual. He is convinced of his right to think for himself and voice his criticisms aloud.

Religion and Art.—The need for tolerance was taught the French by the religious wars and persecutions of earlier times. To-day the vast majority are Roman Catholics, with about a million Protestants. And though many French people call themselves "free-thinkers", you will probably find French parish churches better attended than most English churches. Roman Catholic clergy do not marry. The parish priest[1] in France is even less well-paid than an English parson. He feels it quite natural to live like the "people" rather than the "gentry"; he is usually a man of weight and influence locally, and he is called up for combatant service like any other Frenchman.

The cathedrals, churches and abbeys provide an impressive memorial both of French religious life and of French craftsmanship. Some are built in the very solid-looking "Norman" style, with round arches and thick pillars, others in the more graceful "Gothic" with pointed arches. The older public buildings, too, are often remarkable even in a comparatively small French town. Just because they have been less of an industrial nation than ourselves, the French have destroyed fewer fine buildings in "improvement" schemes. The ordinary Frenchman is, indeed, without losing his practical point of view, usually more conscious of art than the ordinary Englishman.

---

1. It is somewhat confusing for us that the vicar is called the "curé" and the curate is called the "vicaire".

You will find French painters, both Old Masters and modern artists, taken seriously by more of their fellow-countrymen than our own great artists are in Britain. But if you yourself are interested in art, you may be surprised to find how little Frenchmen know about British painters.

Family Life.—In normal times the French have a family life rather less free-and-easy than the life of a British household. The father is very decidedly head of the family and exercises authority over his grown-up children, particularly daughters, in a way which has gone out of fashion in our country. Women in France, even in peacetime, work on the land and in the factories to an extent reached by women in Britain only in time of war. In 1918 the wartime work of the British women was made a reason for giving women the vote. Nothing similar has yet occurred in France, and the Frenchwoman has shared in ruling modern France only, but very effectively, through her influence in every way on her menfolk.

Thanks to jokes about "Gay Paree", "French farce", and "Pictures from Paris", there is a fairly widespread belief among people in Britain that the French are a particularly gay, frivolous people with no morals and few convictions. This is especially untrue at the present time, when the French have been living a life of hardship and suffering. But the idea of the French living in a glorious orgy of "wine, women and song" never was true, even before the war. The French drink wine as we drink beer. It is the national drink and a very good drink, but there was far less drunkenness in peacetime France than in peacetime England.

Not like Montmartre.—It is also as well to drop any ideas about French women based on stories of Montmartre and nude cabaret shows. These were always designed as a tourist-attraction for foreigners; in Paris in peacetime one saw far more British and American (and Germans) than Frenchmen at the famous Folies Bergères. If you should happen to imagine that the first pretty French girl who smiles at you intends to dance the can-can or take you to bed, you will risk stirring up a lot of trouble for yourself—and for our relations with the French.

Like us, the French are on the whole a conventional people. But it happens that their conventions differ in some respects from ours. Some British peacetime visitors to France were shocked to find that the French had licensed brothels. Well, French visitors to Britain have been sometimes equally shocked by couples love-making publicly in our parks. The men may relieve nature rather openly in public and see little harm in frankness on various matters. But French people are rather startled when they hear a music-hall comedian in this country joking about "nancy-boys" or see some of us, "with drink taken", badly out of control. We are not the only nation to feel more virtuous than our neighbours, or to criticize their morals. The French do the same with regard to us. It is perhaps characteristic that what we call "taking French leave", the French call *"filer à l'anglaise"*.

—how france was governed—

Before the war the French Republic had at its head a President, who, broadly speaking, "reigned" like our King, but with the important difference that he was elected and served as head of the State only for seven years. There was a Senate, rather like our House of Lords[1] but again elected, and an elected Chamber of Deputies, rather like our own House of Commons. Instead of our three main parties—Conservatives, Liberals and Socialists—the French had a large number of parties. The French Socialist party was much smaller than ours—and the French Communist party more numerous than our Communists. The names of French political parties were very misleading to foreigners. For instance, what we call "Liberals" the French called "Radical Socialists". In any case, both the names and the parties they represented may well

1. There are hereditary titles in France, relics of pre-Republican days, but it is a mere coincidence if a French Duke or Viscount is also a Senator.

have been replaced by new ones by the time you get to France.

Largely because there were so many parties the pre-war French political system did not work very smoothly. Cabinets lasted sometimes only a few days and seldom for more than a year. Many French politicians (for instance Laval, who leads the Vichy Quisling Government) gained a bad name for corruption and double-dealing.

While the Vichy system, which replaced the pre-1940 Republic, will certainly not survive, the old politicians are unlikely to come back to power. Nor is the old Republican constitution likely to be fully restored. However, the questions of who will come into power and what sort of constitution France will have are entirely matters for Frenchmen to decide when France is freed. Many Frenchmen have very strong feelings on this subject. Much will obviously depend upon the men who have led resistance to the Germans in France since 1940, risking their lives for years as dangerously as a soldier risks his life in battle.

Local Authorities.—Without butting into French politics, you will want to know something about the local authorities. For however the country may be temporarily run in the areas occupied by Allied armies, we shall still need to respect the system which exists. This system depends on the French county, which is called a "Département". (There are 90 of them, including Corsica.) The chief official in the Département is called the Prefect and he is nominated by the French Government, just as in Britain the Lord Lieutenant is appointed by the King. The Prefect is, however, unlike the Lord Lieutenant, a paid full-time offcial with very wide powers. You are unlikely to come across him in person. If you do, remember that he is a most important man, to be treated with respect.

Below the Département are smaller local groupings, called Arrondissements, Cantons and finally Communes. The Commune is the equivalent of the English town council, urban district council or rural district council, and at its head is always an elected "Maire" (Mayor). It is with the Maire that a unit is most likely to deal over local problems like billets, traffc accidents or entertainments. If you arrange a football match it will always be a good idea to invite "Monsieur le Maire". He will almost certainly be delighted to come.

French Law.—Besides being France's greatest military genius, Napoleon was also her greatest law-giver. The code of laws which he established, the Code Napoleon, lasted in France, with amendments, through the nineteenth century and left a great mark on many of the legal systems of Europe. It outlived two monarchies, the Second Republic, the Second Empire and the Third Republic. Napoleon's system of laws is nominally in force even to-day. The Quisling Government of Vichy has never dared openly to attack or revoke it, though in fact it ignores many of its provisions.

—what do the french think of us?—

It is fair to say that in 1940 we and the French parted on pretty bitter terms. They felt that we had not sent them a large or powerful enough B.E.F., and that we had left them in the lurch at Dunkirk. Few of them believed we should carry on the war long after the evacuation. We, on our side, thought that the French had fought badly and had let us down by asking for a separate armistice which left *us* in the lurch. Since 1940 the French have learnt to value us rather more justly and generously. It is time for us, in our turn, to think rather less about the French collapse and rather more about subsequent resistance in France, and the fighting contributions made by Frenchmen at our side outside France, under General de Gaulle and, latterly, General Giraud as well.

In the interval between 1940 and now, some British forces and some French have fought against each other in several parts of the world outside France. It began with our sinking several French ships at Oran in Algeria, in July, 1940, for fear the Germans should get hold of the French fleet. Then at Dakar and, later, in Syria, in Madagascar, and during the first few days in North Africa we have been in battle against Frenchmen loyal to the Vichy Quisling Government. On the other hand, throughout the Abyssinian, Libyan and Tunisian campaigns thousands of Frenchmen have fought by our side against the common enemy. Where they have opposed us, French troops and sailors have been obeying the order of superior officers weeded of pro-British elements by Vichy—which acted under *German* orders. Many of those who fought against us have since fought far more willingly by our side, with the knowledge that we are their friends.

Attitude to Bombings.—If you are in doubt which of the two attitudes is more characteristic of the feelings of Frenchmen in France itself, recall a few facts. Remember how when the R.A.F. has bombed factories and airfields and railways used by the Germans in France, often killing and injuring French citizens in the process, the French still understand what we are doing so well that they help our airmen who bale out to escape, and pile with flowers the graves of British airmen who crash. Unfortunately, later bombing in thickly populated areas has caused increasingly heavy civilian casualties. It is only natural that these should have caused some resentment. Remember, too, the heroic French stand made at the Battle of Bir Hakeim and the way the French drove the Germans out of Corsica.

We need not doubt the goodwill of the vast majority of the people of France. Their feelings towards us are probably more cordial than at any time in the past, certainly more so than during the "phoney war" of 1939–40 or during the campaigns of 1914–18. The small, astoundingly brave minority who have led *active* resistance within the Mother Country, have had behind them a growing proportion (lately up to 95 per cent) of the French people, who have *passively* resisted the Germans and their Vichy stooges. All the resisters, active and passive, have warm feelings towards this country, not only because we have the common aim of finishing off the Nazis, but because our broadcasts and leaflets have been an important means of keeping up their will to resist. Moreover, the example of British tenacity and British success has in itself been a spur to resistance. If Britain had failed, France might well have despaired.

The 1940 Disaster.—In 1940 our two countries suffered a joint military disaster. But while we continued the war undeterred, unofficial resistance in France and General de Gaulle's fighting forces, disowned by Vichy, were for a long time the only signs that France was unsubdued. At that time some of us, not without reason, blamed French politicians for failure to continue the war. Some of us also blamed certain French generals. A great many of us, however, blamed the French as a nation. If you are one of these, remember that nothing is to be gained on either side by raking up the past, and secondly, that events since 1940 have proved what the spirit of France is like to-day.

The French remember an aspect of the war which we sometimes forget: the fact that Britain was not overrun in 1940 was due not only to Mr. Churchill and the "few" of the R.A.F., it was due also to our being protected by 20 miles of sea and by the Royal Navy. If the Germans could have crossed our water-obstacle—the Channel—in the same way as they crossed the French water-obstacle—the river Meuse—are we quite sure that Britain would not have suffered the same immediate fate as France? Thousands of our soldiers, sailors and airmen might have been carrying on the fight (as General de Gaulle had so long to carry it on) from outside the Mother Country, while inside the Mother Country the civil population might still be fighting back at German occupying troops (as the French have done) through sabotage, resistance and, when the time came, open revolt.

Thanks to the sea, this nightmare never occurred here, France *was* overrun with surprising speed, and the then French Cabinet decided by a narrow majority *not* to carry on the war from North Africa. An armistice was signed and a puppet Government, which the French people have never recognized, was installed. The French are not proud of their misfortunes or of their Government's actions in 1940. But if you are rash enough to discuss them with a Frenchman, he will tell you that Britain is fortunate in being an island. France is not.

france since 1940.—The greatest mistake you can make in going to France is to try to pick up the threads of the Anglo-French story where they were broken in June, 1940, as though France had stood still since that date. Try to realize something of what has happened since then. Apart from the general suffering and the general refusal to play with the Germans already referred to, two main facts should always be borne in mind in order to avoid misunderstanding.

First, that the Vichy Government, of which you have heard so much, has long been disowned as a German tool by almost every Frenchman. Secondly, that active resistance, starting immediately after the collapse from small isolated groups, has organized itself in the teeth of the Gestapo, the German army and Vichy, into a highly efficient network covering the whole of France. It recognized a central authority, and its members regarded themselves as soldiers under military orders. Frenchmen who have risked everything in these resistance groups feel that they have done all that lay in their power to redeem the disgrace of their country's collapse in 1940 by fighting on as our active allies. So, before reminding a Frenchman that France let us down in 1940, remind yourself that you may be speaking to one of the thousands of soldiers without uniform who have been fighting the same fight as you against the same enemy, but with fewer advantages.

Allied blockade.—The germansand Vichy have tried hard to tell the French public that the shortages it has had to put up with were due to the Allied blockade. Their propaganda has, on the whole, misfired, and the average Frenchman attributes shortage to German looting. Here and there, however, some resentment may be felt about the results of the blockade. If you come across it, try to steer clear of discussions which, on details, can only be complicated and inconclusive. Total blockade was an absolute necessity in order to deny supplies of all kinds to the enemy, whose deliberate policy has been to reduce to a minimum the food available for local consumption in all occupied territories.

Relief.—You may, as already suggested, find some disappointment if relief supplies are slow in coming.

If you are questioned on this subject, explain that it is essential to defeat Germany as rapidly as possible, and consequently first priority on shipping of supplies must be given to military needs. At first this results in little shipping for relief supplies for liberated countries; but the civilians must have patience and believe that every effort is being made to bring them supplies as soon as possible.

—Your own life in the country—

Food.—The virtual starvation of France by the Germans will, as you have seen, make it impossible for us to "live on the country" in any sense during the first months. Later on conditions may change. If so, you will find in all parts of France what a difference good cooking can make to the simplest ingredients.

Don't give your food, clothing or other supplies to civilians or others. The Civil Affairs personnel will distribute supplies as soon as they become available. Giving your supplies away not only encourages further requests from civilians which cannot be satisfied, but puts an additional burden on the already over-burdened supply system.

Drink.—In most parts of France you should boil all drinking water, whether from a tap, a well, a stream or a spring, unless your own M.O. tells you the contrary. Fresh milk you will not get at all; the French have not enough for their children. Tea, never widely drunk in France, is completely lacking, except for what the British and Americans may bring. Coffee is now almost wholly lacking.

Wines and spirits and, in parts of Northern France, the rough cider are the staple drinks. To-day they are rationed, and the Frenchman who gets his full ration is lucky. If you should be offered wine or spirits, remember that this will be stronger drink than you are used to. French beer is rather like our own light ale, but you will be fortunate if you come on any, and at present it is very much watered down.

Women.—French women, both young and old, are far from shy and you will, if you are a man of sense, make them your friends. But do not mistake friendship for willingness to give you their favours. The same sort of girl with whom you can take liberties in England can be found in France, and the same sort of girl whom you would grossly offend in this country would be greatly offended if you were to "try anything on" in France.

The fathers, brothers and fiancés of French girls will often be unable to protect them because they are fighting the Germans or have been deported to Germany. Apart from any question of discipline, you are on your honour to behave to their womenfolk as you would wish them to behave to yours. If you do not, you will injure the reputation of the British soldier, by showing a worse example than the Germans, who at the start, at least, behaved with considerable restraint, though they later lapsed. As for the loose women, if you have noted the facts on page 7 about the prevalence of V.D., you will see good reasons for avoiding them.

Entertainment.—French cinemas are not as modern as our own. In many of them smoking is not allowed for fear of fires. E.N.S.A. will, in due course, see after your entertainment; the films for ordinary French cinemas will have to be supplied by the Americans and ourselves for months to come. It would be almost as thoughtless to crowd the French out of their own cinemas or cafés as to buy all the food in the shops: you have had plenty of chances for recreation at home. For this reason some places of entertainment will be put out of bounds.

Sports.—The French are keen footballers, playing Soccer all over the country and Rugby largely in the towns, except those of the north and east. They have also produced some first-class tennis players. Hockey is played, especially in the North, and basket-ball is also popular. They do not play cricket or go in greatly for dog-racing, nor does horse-racing attract the same following that it does in this country. A sport on which the French people *are* particularly keen is cycle-racing: if your unit finds a chance to arrange a cycle-race fixture with the local champions, most of the neighbourhood will turn out to see the race. Another game familiar in almost every part of France is the French form of bowls, usually played on a small "dirt" ground instead of a bowling-green. French card-games are different from ours—and they are often played in an atmosphere of considerable excitement.

The Rule of the Road.—You drive on the right of the road and NOT on the left. The main roads are straight and good, the side-roads are variable as our own. France to-day, thanks to the Germans, contains an undue proportion of the very old and the very young; the able-bodied have been largely deported. So do not drive through French towns and villages at a rate which means the inhabitants skipping out of your way. They may not be able to do so!

Behaviour.—The British Army represents in France to-day the British people. Any errors of conduct committed by individual soldiers will remain in French minds not simply as a slur on a single man or a single unit but as "the way the British behave".

At the present time, owing to the effects of the German occupation, the French have suffered very much, and so are apt to be sensitive. It is up to us to show that little extra consideration which makes the difference between mere good will and real friendliness.

The French people, like our own, include both good and bad characters. You will be fortunate if you meet only the good Frenchmen; so do not grouse at the French in general if you should met a French "bad hat". There are probably one or two "bad hats" in every British unit.

The French will greet you on your arrival as a welcome and long-expected guest of their country. The good guest retains his welcome by making himself as little trouble as possible and doing all he can to help his hosts. If you can do this, you will be acting as a good Ally should; and in the process you may be increasing your own comfort.

—Money—

French money is reckoned on the decimal system, i.e. in tens. It is very simple to remember that 100 centimes go to a franc, and you will be told how many francs go to a £. The only complication you are likely to run across is that country people often count small sums, up to five francs, in "sous", that is five centimes; so "20 sous" will mean a franc, "100 sous" five francs.

All recent French coins have been made of aluminium or brass, but you are likely to get paper money for even the smallest sums. The Germans withdrew all the coins they could to make munitions.

There will be little at first for you to buy. When the time comes for buying things, try not to spend your money in a way which would encourage the old belief on the Continent that all Englishmen are both wealthy and foolish. Don't be mean, but don't be extravagant either; if you are the prices are bound to go up, which would be bad luck on the local population and do you no good either.

—Do's—

The French are our friends. The Germans are our enemies and the enemies of France. Remember that the Germans individually often behaved well in France. We have got to behave better.

We are helping to free France. Thousands of Frenchmen have been shot in France for keeping alive the spirit of freedom. Let the French know that you realize the great part Frenchmen have played, both in the last war and in this war.

The French are more polite than most of us. Remember to call them "Monsieur, Madame, Mademoiselle", not just "Oy!"

Be patient if you find a Frenchman hard to understand—he is having difficulties too.

Remember to salute a French civilian or policeman

when you address them. This is a normal form of politeness practised by the French. Salute when entering and leaving a private house, a café, or a shop.

Be natural, but don't make yourself too much at home till you are sure your French friends like it. Remember the intense suffering of the French since 1940. Make allowances for this.

—Don't's—

Don't criticize the French Army's defeat of 1940. Many Frenchmen are convinced that they had a fine but insufficiently equipped army, not very well led. Many others are themselves critical of the French Army of 1940, but they, too, will resent their own criticism coming from a foreigner.

Don't get into arguments about religion or politics. If a Frenchman raises one of the points which have strained Anglo-French relations since 1940, drop the matter. There are two sides to every question, but you don't want to take either.

Don't get drawn into discussions about the comparative merits and successes of the United Nations.

Don't, even if food is offered to you, eat the French out of house and home. If you do, someone may starve.

Don't mess things up even in an empty billet. Someone will live there after you.

Don't drink yourself silly. If you get the chance to drink wine, learn to "take it". The failure of some British troops to do so was the one point made against our men in France in 1939–40 and again in North Africa.

Don't sell or give away your food or equipment.

—Making yourself understood—

It is never very easy to make yourself understood at first in a foreign language, and it may be even less easy to understand a Frenchman's reply. If you find someone who knows a little English, speak very slowly and distinctly. If you are trying to understand French, get the speaker to say the words slowly, or (if that will help) to write them down clearly.

The words and phrases at the end of this booklet will NOT make you speak French "like a native", but they may help you out of difficulties until you learn more of the language. If a Frenchman cannot understand your pronunciation, point out the French word you want on the list.

You can't expect to learn all French grammar in one sentence, but you may notice that all French nouns are either masculine or feminine, and the adjective or article (i.e. "a" or "the") changes according to the gender of the noun which goes with it. Thus "my father" is "*mon* père"; "my mother" is "*ma* mère"; "A knife" is "*un* couteau"; "a fork" is "*une* fourchette". (English is the only language without these gender complications.)

—Words and phrases—

Note: Under each French word is an English spelling in italics which reproduces as nearly as possible the sound of the French.

Good morning, or good afternoon,	Bonjour, Bonsoir
Good evening	*Bonjewer, Bonswa*
How do you do?	Comment allez-vous? *Commont-allay-voo?*
Goodbye	Au revoir *Oh-revwa*
I am, He is, She is	Je suis, Il est, Elle est *Sher swee, Eel ay, Ell ay*
We are, You are, They are	Nous sommes, Vous êtes, Ils (Elles) sont *Noo som, Vooze ate, Eel (El) sonn*

Is there anyone who speaks English?	Y a-t-il quelqu'un qui parle anglais? *Ee-ah-teel kel-kern key parl ongly?*
What is your name (address)	Quel est votre nom (votre adresse)? *Kel ay votrer nom (votrer adresse)?*
Please bring me, give me,	Apportez-moi, donnez-moi, *apportay-mwah, donnay-mwah,*
Lend me	prêtez-moi, s'il vous plaît *praytay-mwah*
I like this very much	J'aime beaucoup ceci *Shame bocoo sirsee*
Hurry! Slowly!	Vite! Lentement! *Veet! Lontermon!*

Difficulties and Enquiries

What do you call this?	Comment s'appelle ceci? *Comon sapel sirsee?*
I don't understand	Je ne comprends pas *Sher ner compron pah*
Do you understand?	Comprenez-vous? *Comprenay voo?*

Please speak slowly (write it down)	Parlez lentement, *Parlay lontermon,* (écrivez-le), *(ekreevay-ler),* s'il vous plait *seal voo play*
What nationality are you?	De quelle nationalité êtes-vous? *Der kell nass-ee-onalitay ate voo?*
Are you French? German?	Etes-vous Français? Allemand? *Ate voo Fronsay? Allmon?*
Have you seen any soldiers (the enemy)?	Avez-vous vu des soldats (l'ennemi)? *Avay voo view day soldah* *(lenmee)?*
What kind of soldiers?	Quelle sorte de soldats? *Kell sort der soldah?*
Are the trees in that wood thick?	Ce bois est-il épais? *Sir bwah ate-eel epay?*
Can we sleep in your barn (outbuildings)?	dans votre grange *Poovon noo dormeer dong* *votrer gronge* (vos hangars)? *(voze hongar)?*
Where is the Town Hall (Police Station)?	Ou est la mairie *Oo ay lah mary* (le Commissariat de Police)? *(ler Commissariah der poleece)?*

Travelling by Road

Is this the way to ____?	Est-ce le chemin pour ____? *Ay sir ler shman poor ____?*
Which is this the way to ____?	Quel est le chemin pour ____? *Kell ay ler shman poor ____?*
How far is it to ____?	A quelle distance est ____? *Ar kell deeestons ay ____?*
Will you guide me, please?	Voulez-vous me conduire, s'il vous plaît? *Voolay-voo mer condweer seal vous play?*
Where does this road lead to?	Où mène cette route? *Oo mane set root*
Where am I now? Show me on this map	Où suis-je? Montrez-moi sur cette carte *Oo sweesher?* *Montray-mwa sewer set cart*
Is this road clear?	Cette route est-elle ouverte? *Set root ate ell oovairt?*
I am lost	Je suis perdu *Sher swee pairdoo*
I want to go (return) to ____	Je voudrais aller (rentrer) à ____ *Sher voodray allay (rontray) ar*

Stop! Go back (reverse)!	Arrêtez! En arrière! *Arrettay! On arree-air!*
Go on!	En avant! *On avon!*
Danger!	Danger! *Donjay!*
Bicycle, horse, mule, cart	La bicyclette (le vélo), Le cheval, *Lar bee-see-clet (ler vailo),* *Ler sheval,* Le mulet, la charrette *Le mewlay, lar sharret*

Car Repairs

My car (lorry, truck) has broken down	Ma voiture (mon camion) est en panne *Mar vwattewer (mom cam-ee-on) at on pan*
Where is the nearest garage?	Où est le garage le plus proche? *Oo ay ler garage ler ploo prosh*
I need petrol (oil, water)	J'ai besoin d'essence (d'huile, d'eau) *Shay bes-wann dessonce (dweel, doe)*

Can you lend me some tools?	Pouvez-vous me prêter des outils? *Poovay-voo mer praytay daze oottee?*

Accommodation, Baths

Where can I get a bed for tonight?	Où pourrai-je coucher cette nuit? *Oo poor-age cooshay set nwee*
These are my (our) billets	Je suis logé (nous sommes logés) ici *Sher swee lowjay (noo som lowjay) eesee*
May I (we) come in?	Peut-on entrer? *Purt-on entray?*
I shall be returning late (leaving early)	Je rentrerai tard, (partirai de bonne heure) *Sher rontrerat tar, (parteray der bon urr)*
Can we have something to eat (drink)?	Pouvons-nous manger (boire)? *Poovon-noo monjay (bwarr)*
May I have a key?	Puis-je avoir la clef? *Pweege avwarr lar clay?*
A hot bath, Soap, Towel	Un bain chaud, Le savon, La serviettè

	Urn ban show, ler savon, lar serviettè
Lavatory, Cloakroom, Dining-rooom	La toilette, Le vestiaire, La salle à manger *Lar twahlet, Ler vestayre, Lar sal ar monjay*

Food, Drink

Where can I eat (drink)?	Où peut-on manger (boire)? *Oo purt-on monjay (bwarr)?*
May I have breakfast (dinner, supper)? *(day-shuon-ay, deenay)*	Puis-je avoir le petit déjeuner (déjeuner, diner)? *Pweege avwarr let p'tee*
How much a kilo (litre)? *Combyang ler keelo (ler leetr)?*	Combien le kilo (le litre)?
Wine, Cider, Beer	Le vin, Le cidre, La bière *Ler vang, Ler ceedrer, Lar beeyare*
The bill please	L'addition, s'il vous plaît *Lad-issy-on, seal voo play*

Accidents

Fetch a doctor, please	Allez chercher un médecin, s'il vous plaît *Allay shairshay urn maidsang seal voo plait*
Come and help quickly	Venez vite aider *Venay veet aiday*
There has been an accident (injured)	Il y a eu un accident *Eel-ee-ah-ewe urn ack-see-dong*
I have been wounded	Je suis blessé *Sher swee blessay*
Artery, Tourniquet	L'artère, le tourniquet *Lartare, ler toor-ne-kay*
Bring cold (boiling) water	Apportez de l'eau froide (bouillante) *Apportay der lo frwahd (boo-ee-ont)*

—Weights and Measures—

These are based on the decimal Metric System used in most European countries. This is simpler than our British system, since units are all multiples of ten. The equivalents given are *approximate only*—for quick reckoning.

LENGTH

1 Centimetre (cm.) 1 Centimètr = two-fifths of an inch

1 Metre (m = 100 cms.) 1 Mètre = 3ft. 3ins.

1 Kilometre (km = 1,000 m.) 1 Kilomètre = five-eighths of a mile

To convert *centimetres into inches*—multiply by 4 and divide the result by 10

(1 inch = 2H cms. 1 foot = 30 cms.)

To convert *metres into yards*—add one-ninth the number of metres

(1 yard = nine-tenths of a metre)

To convert *kilometres into miles*—divide the kms. by 8 and multiply the result by 5

(1 mile = just over 1H kms.)

WEIGHT

1 Gram (g.) 1 Gramme = 15H grains

1 Kilogram (kg. = 1,000 gs.) 1 Kilogramme (or Kilo.) = 2 lb. 3 oz.

1 Ton 1 Tonne = 1,016 kilos.

To convert *kilograms into pounds*—double and then add one-tenth of the result

(1 lb. = roughly half a kilo, 1 cwt. = 50 kilos.)

AREA

1 Hectare 1 Hectare = nearly 2H acres

To convert *hectares into acres*—multiply by 5 divide by 2

(1 acre = two-fifths hectare.)

LIQUID CAPACITY

1 Litre 1 Litre = 1I pints

To convert *litres into pints*—add half, and then a half of the half

(I pint = just over half a litre.)

To convert *litres into gallons*—divide by 5 (1 gallon = 4H litres.)

Heat

The measurement used is called Centigrade, by which water freezes at o degrees (instead of our 32° Fahrenheit) and boils at 100° (instead of our 212° Fahrenheit). Normal body temperature is 37°.

To convert *Centigrade into Fahrenheit*—double, subtract one tenth of the result and add 32. (100° F. = about 38°.)

—Security Note—

Now is the time for you to realize that all that you have learnt about security during your training at home applies with equal force to operations overseas. In fact, those of you who have already seen foreign service will be able to tell the others that security is, for the reasons that follow, even more important overseas than in the U.K.

One of the most important reasons for this is that you have moved and will continue to move into areas which have been occupied by the enemy for a long time. The enemy will spare no pains to leave behind, scattered among the civilian population, agents, saboteurs and propagandists who will be a continual threat to our security.

Their numbers will greatly exceed anything with which we have had to cope in the past—and it will be infinitely more difficult to detect them. Added to this, the enemy will have prepared channels of communications for the use of his agents, and which he may well be able to use long after actual hostilities have ceased.

So there must be no relaxation of security-mindedness and suspicious alertness, even in those areas where the battle has moved on and comparatively peaceful conditions may prevail. In these areas particularly you must be on your guard.

As you have been told so often, personal responsibility is the key-note of good security. On the individual discretion of each British and Allied soldier depends the security of the whole Army. This applies particularly to your relations with the civil population. Do not forget that far more Europeans understand English than is popularly supposed. So be very careful what you say—not only to civilians, but to each other in their hearing.

Speech on the telephone may have special dangers. Security of documents will be of more than usual importance. Even the letters you receive from home, or the addresses on letters you receive from your friends in the same expeditionary force, may contain information which the Enemy will want to know.

You should keep a particular look-out for suspects, and report immediately any cases which you may come across to your Unit Security Officer or to a Field Security N.C.O. Pay particular attention to the checking of identity documents, and do not hesitate to detain, if necessary by force, any suspicious individuals. Some of these may be disguised as British officers or men; and it is not unlikely that the beautiful spy will come into her own again.

The danger of sabotage will also be considerable. This means that when you are guarding material or equipment, your job will be particularly important; and that you must continue to take great care of your personal weapons and equipment.

You must expect that propaganda will be directed to driving a wedge between the Allies, for instance, by attempting to promote anti-Russian feeling. There may also be attempts to organize sympathy for the German people. This propaganda, which may be in many forms—some crude and obvious, but some subtle and hard to recognize—will be directed by enemy sympathizers and agents against your morale. Women are clever at this sort of work, and will no doubt often be used. Do not allow yourself to be affected by any of this. You have a job to do—and you must see it through with good will and determination.

Life in ex-German Europe will demand your vigilance, alertness and self-confidence. These must be used in applying with common sense the security principles you have been taught.

—Road signs—

1. Gutter

2. Sharp Turn

3. Cross-Roads

4. Unguarded Level Crossing

5. One-Way Road or Entry Prohibited

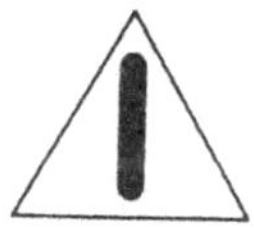
6. Dangers other than those indicated by signs 1 to 4

7. Motors vehicles Prohibited

8. Weight Limit

9. Maximum Speed

10. Overtaking Prohibited

11. Parking prohibited

12. Stopping Prohibited

Achevé d'imprimer
en avril 2024
par Corlet Imprimeur
14110 Condé-en-Normandie

Dépôt légal : mai 2024
N° d'imprimeur : 24030362
Imprimé en France